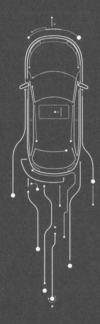

新 能 源 与
智 能 汽 车 技 术 丛书

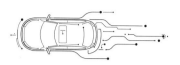

Electric Chassis Technology for
Autonomous Vehicles

无人驾驶汽车
电动底盘技术

田晋跃 著

化学工业出版社
·北京·

内 容 简 介

当前无人驾驶电动车辆技术在乘用车、商用车、拖拉机和农业机械中无处不在，本书基于无人驾驶汽车电动底盘开发的基本原理进行介绍，内容包括电动汽车的电池、电池管理系统、电机驱动系统、传动系统、分布式驱动技术、转向系统和制动系统，以及无人驾驶电动汽车环境感知系统、无人驾驶汽车的通信网络和无人驾驶电动汽车的安全设计要求等。

本书可为从事无人驾驶汽车电动底盘的研究、设计和开发的工程师、科研人员、高校师生和企业技术经理等提供参考，也可作为新能源汽车专业的研究生教材。

图书在版编目（CIP）数据

无人驾驶汽车电动底盘技术/田晋跃著 . —北京：化学工业出版社，2024.8
（新能源与智能汽车技术丛书）
ISBN 978-7-122-45586-4

Ⅰ.①无… Ⅱ.①田… Ⅲ.①无人驾驶-电动汽车-底盘-研究 Ⅳ.①U469.72

中国国家版本馆 CIP 数据核字（2024）第 090578 号

责任编辑：黄 滢　　　　　　　　　　　装帧设计：王晓宇
责任校对：刘 一

出版发行：化学工业出版社（北京市东城区青年湖南街 13 号　邮政编码 100011）
印　　装：北京新华印刷有限公司
787mm×1092mm　1/16　印张 13½　字数 313 千字　2024 年 9 月北京第 1 版第 1 次印刷

购书咨询：010-64518888　　　　　　　　售后服务：010-64518899
网　　址：http://www.cip.com.cn

　　汽车产业正在进行电动化、智能化、数字化的转型与升级，聚焦到汽车，不可或缺的是"汽车电动底盘"，电动底盘成为汽车电动化、智能化转型的融合载体，是汽车无人驾驶落地的基础。无人驾驶汽车电动底盘定义为使用计算机、控制、通信和各种自动化技术集成的车辆系统，无人驾驶汽车的推广应用可提高公路交通的安全性和运行效率，减少能源消耗和环境影响。

　　"无人驾驶"一词定义明确，是指在车辆操作中融入高水平的机器智能，电子元件、传感器、微处理器、计算机软件和机电集成系统的进步使车辆的自动化及自主功能达到了十分高的水平。

　　无人驾驶汽车电动底盘涵盖了从车辆动力学到信息、通信、电子、自动化等多学科的技术。因此，无人驾驶汽车电动底盘的研究、开发和设计需要各个学科的专业知识。幸运的是，目前不同的科学期刊、专业会议和工程专业协会都有涵盖了无人驾驶汽车电动底盘的资源，它们都非常专注于该领域的技术进步和发展，研究人员开发了许多系统，作为现代汽车的选择，已在汽车上装备，并且尚有许多创新原理样机在实验室环境中进行演示。随着无人驾驶汽车的迅速发展，未来定会影响人们的出行方式，从而影响人们的日常生活。

　　无人驾驶汽车电动底盘所涉及的技术具有多学科性。本书主要介绍了无人驾驶汽车电动底盘的关键技术以及研究成果。全书共 11 章，每章都深入介绍了不同主题领域研究的成果，涵盖了无人驾驶汽车电动底盘这一主题的前沿技术。考虑到无人驾驶汽车电动底盘的悬架系统与传统高端汽车的悬架系统的技术要求并无本质差别，目前也没有特别突出的研究成果，因此，本书仅在绪论部分简单介绍了悬架系统，没有进行更深入的探讨。

　　虽然无人驾驶汽车的技术已经很先进，但是在实际应用中，需要考虑法律、道路规则等方面的问题。这些问题需要时间来解决，无人驾驶汽车的普及也需要时间。因此，本书对车辆的操控描述依然有"驾驶员"的文字，无人驾驶汽车依然存在"方向盘"和"加速踏板"等传统汽车的车辆操控机构，但实际上，对于无人驾驶汽车来讲，这些操控机构已完全可以通过激光雷达、摄像头、传感器等设备来感知周围环境，通过计算机程序来控制执行元件，实现汽车的行驶方向和速度的变化。

本书可为从事无人驾驶汽车电动底盘的研究、设计和开发的工程师、科研人员、高校师生和企业技术经理等提供参考。

希望在可预见的未来，本书将作为一种突出的资源，帮助工程、研发和学术界同行独立研究解决在无人驾驶汽车电动底盘中的突出的关键问题。

著　者

第 1 章

绪论

底盘技术水平的高低决定了汽车产品的性能和质量。底盘设计考虑的关键在于满足整车性能的各项指标。通常底盘包括传动系统、转向系统、悬架系统、制动系统和车轮等，与这些系统直接相关的整车性能有制动性、操稳性和平顺性。底盘的性能则决定了汽车的可靠性、舒适性、安全性、动力性和经济性。

底盘是整个汽车的基体，支承汽车动力装置、车身等各种零部件，同时将汽车动力装置的动力进行分配和传递，并按照驾驶员的意志行驶（加速、减速、转向、制动等）。

传统汽车的重要构成部分就是汽车发动机，电动汽车中纯电动汽车和氢燃料汽车最重要的一点就是在底盘设计中取消了汽车发动机设备，相对应的转向系统、制动系统也有自己独有的设计特色。电动汽车中混合动力汽车增加了电机驱动的模式，其传动形式和控制方法也变化较大。

无人驾驶汽车电动底盘可以定义为使用内置微处理器进行自动操作、数据处理或实现电动化、无人化的车辆底盘，无人驾驶汽车电动底盘被视为由计算机（微处理器）控制的机器。无人驾驶汽车电动底盘通用于自动驾驶或帮助驾驶员更有效地执行其驾驶功能的车辆上，提高了车辆的安全性、效率和环境影响。

1.1　电动汽车底盘基本结构

1.1.1　汽车底盘组成

汽车底盘由传动系统、行驶系统（悬架系统）、转向系统和制动系统四大部分组成，其功用为接收汽车动力装置的动力，使汽车运动并保证汽车能够按照驾驶员的操纵正常行驶。

(1) 传动系统

功用：将发动机发出的动力传递给驱动车轮，使汽车在各种不同的工况下均能正常行驶，并具有良好的经济性和动力性。

汽车在运行过程中需要具有减速、变速、倒车、中断动力、轮间差速和轴间差速等功能，具体要点如下。

① 减速：通过传动系统的作用，使驱动轮的转速降低为发动机转速的若干分之一，相应驱动轮所得到的转矩增大到发动机转矩的若干倍。

② 变速：保持发动机在有利的转速范围内工作，汽车牵引力又在足够大的范围内变化。

③ 倒车：在传动系统的变速器中加设倒挡，使汽车能在某些情况下倒车。

④ 中断传动：发动机只能在无负荷情况下启动，而且启动后转速必须保持在最低稳定转速以上，所以在汽车起步以前，必须将发动机与驱动轮之间的传动路线切断，即传动系统的中断传动作用。

⑤ 差速作用：汽车转弯时，左右车轮滚过的距离不同，传动系统的差速作用可以使左右两个驱动轮以不同的角速度旋转。

不同的汽车，其底盘的组成稍有不同。如对于载货汽车及部分轿车，其底盘一般由离合器、手动变速器、万向传动装置、驱动桥等组成；而现在轿车中采用自动变速器的越来越多，其底盘包括自动变速器、万向传动装置、驱动桥等，即用自动变速器取代了离合器和手动变速器；如果是越野汽车（包括部分SUV，即运动型多功能车），还应包括分动器。

（2）行驶系统（悬架系统）

行驶系统的功用是支承、安装汽车的各零部件总成，传递和承受车上、车下各种载荷，以保证汽车的正常行驶。汽车行驶系统主要由车架（车身）、车桥、悬架、车轮等组成，空气弹簧双横臂独立悬架如图 1-1 所示。

图 1-1　空气弹簧双横臂独立悬架

1—减振器；2—与车架相连的气囊上盖板；3—空气弹簧；4—上横臂；5—气囊下支座；
6—轮边系统（断开式车桥）；7—下横臂；8—转向杆系统

（3）转向系统

转向系统的功用是保证汽车能够按照驾驶员选定的方向行驶，主要由转向操纵机构、转向器、转向传动机构组成。现在的汽车普遍采用动力转向装置。液压助力转向系统如图 1-2 所示。

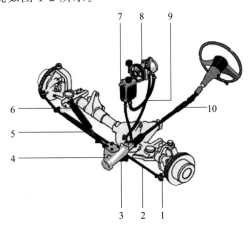

图 1-2　液压助力转向系统

1—转向节臂；2—横拉杆；3—转向摇臂；4—整体式转向器；5—直拉杆；
6—减振器；7—油罐；8—油泵；9—油管；10—转向轴

（4）制动系统

制动系统的功用是使汽车减速、停车并能保证可靠驻停。汽车制动系统一般包括行车制动系和驻车制动系两套相互独立的部分，每套制动系统都包括制动器和制动传动机构。现在汽车的行车制动系统一般都装配制动防抱死系统（ABS），如图1-3所示。

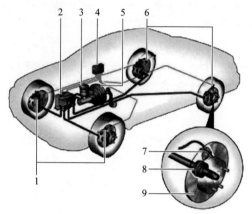

图1-3　汽车制动系统（ABS）示意

1,6,7—轮速传感器；2—阀总成；3—制动主缸；4—控制模块；5—制动泵；8—齿盘；9—制动盘

转向系统和制动系统都是由驾驶员来控制的，一般可以合称为控制系统。传统汽车技术提升至自动驾驶技术也主要是围绕这两大系统来展开工作的。

1.1.2　纯电动汽车底盘

对于纯电动汽车，由蓄电池的能量使电动机通过传动系统驱动车轮。蓄电池提供电流，通过能源子系统调节后输出到电动机，电动机提供输出转矩，经机械传动装置，驱动后轮，实现汽车的行驶，如图1-4所示为纯电动汽车工作

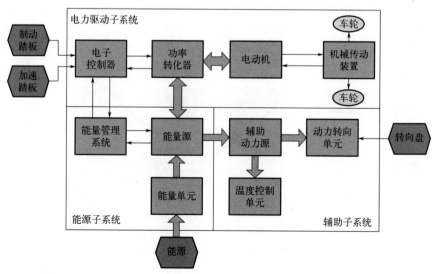

图1-4　纯电动汽车工作流程框图

流程框图。

如图 1-5 所示为纯电动汽车底盘外形。虽然纯电动汽车已有 130 多年的历史，但一直仅限于在某些特定范围内应用，市场较小，主要是由于各种类别的蓄电池普遍存在价格高、寿命短、外形尺寸和重量大、充电时间长等缺点。

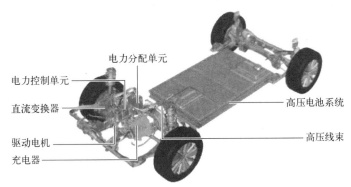

图 1-5　纯电动汽车底盘外形

1.1.3　混合动力汽车底盘

混合动力汽车是传统汽车向纯电动汽车的过渡产品，其主要保留了传统汽车的发动机总成，同时增添了电动机、储能元件和电力电子元件等，实现将动力传送到车轮，提供驱动车辆前进的能量，由两种不同形式的能量转换来实现。车辆上具有能量储存装置，并且这个能量储存装置既可以释放能量，也可以回收能量。

混合动力汽车一般由发动机、发电机、电动机、储能装置、功率转换装置和控制装置等组成，如图 1-6 所示。其操控系统也保留了传统汽车的基本装置，

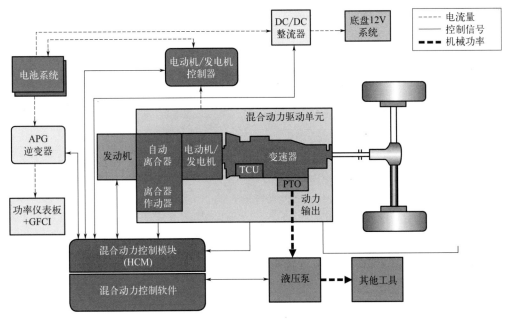

图 1-6　混合动力汽车基本组成

包括发动机控制装置和加速踏板、制动踏板、离合器、变速器的操纵装置等。

汽车启动时电动机作为发动机的起动机,发动机运转时带动发电机发电,为电池充电。根据不同的混合动力结构,发电机的功率大小和布置不同;储能装置根据车辆的实际工况,有时作为辅助动力,有时作为车辆制动时的能量回收装置。

混合动力汽车按动力耦合方式的不同可以分为串联式(图 1-7)、并联式(图 1-8)和混联式(图 1-9)。混联式按驱动方式又分为混合动力汽车(HEV)和插电式混合动力汽车(PHEV)。混合动力汽车驱动系统连接示意如图 1-10。

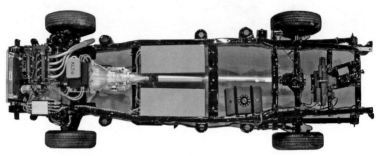

图 1-7　串联式混合动力汽车底盘

图 1-8　并联式混合动力汽车底盘

串联式混合动力汽车的能量流向为:发电机带动发电机发电,电能传输至电动机,将电能转换为机械能驱动汽车。在串联式结构中电池相当于蓄能器,在发电机和电动机之间进行能量调节。

并联式混合动力汽车的能量路径有两条,具有两套驱动系统,即发动机驱动系统和电机驱动系统。两套驱动系统根据车辆的工况,既可以混合驱动,也可以独立驱动。

混联式混合动力系统兼具并联驱动模式和串联式驱动模式,结构设计复杂,

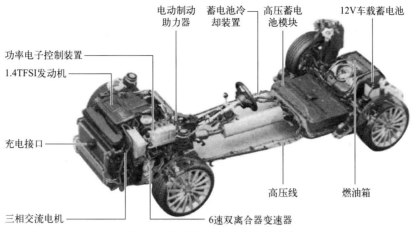

图 1-9　混联式混合动力汽车底盘

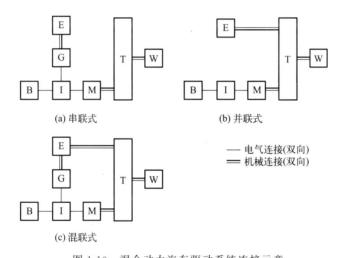

图 1-10　混合动力汽车驱动系统连接示意

B—电池；E—发动机；G—发电机；I—逆变器；M—主电机；T—传动系统；W—驱动轮

传动中需要通过一组齿轮耦合机构实现能量合流或分流。

混合动力汽车的主要特点在于：采用小排量的发动机降低了燃油消耗；将制动和下坡时的能量回收到蓄电池中再次利用，降低了燃油消耗；在繁华市区，可关停内燃机，由电机单独驱动，实现"零排放"。

1.1.4　燃料电池汽车底盘

燃料电池汽车（FCEV）是指利用氢气和空气中的氧，在催化剂的作用下，在燃料电池中经电化学反应产生的电能驱动的汽车。其特点主要表现在：燃料电池的能量转换效率可高达 $60\%\sim80\%$，为内燃机的 $2\sim3$ 倍；燃料电池零排放，不会污染环境。氢燃料来源不依赖石油燃料。燃料电池电动汽车如图 1-11 所示。

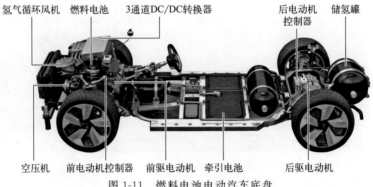

氢气循环风机　燃料电池　3通道DC/DC转换器　　　　后电动机　储氢罐
　　　　　　　　　　　　　　　　　　　　　　　　控制器

空压机　前电动机控制器　前驱电动机　牵引电池　　后驱电动机

图 1-11　燃料电池电动汽车底盘

　　燃料电池电动汽车在整体结构上与传统汽车相似，主要不同之处是驱动方式和燃料，它是由燃料电池供电的电动机直接驱动车辆，同时存储于高压罐体内的氢气燃料替代汽油和柴油，氢气压力为 35～70MPa。燃料电池电动汽车底盘示意如图 1-12 所示。

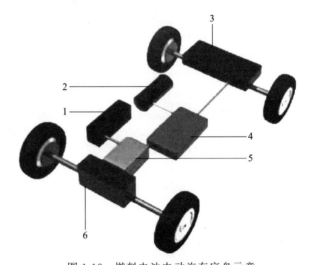

图 1-12　燃料电池电动汽车底盘示意

1—蓄电池；2—空气压缩机；3—高压氧储存罐；4—燃料电池组；5—能量控制单元；6—电动机

1.2　无人驾驶汽车电动底盘

1.2.1　无人驾驶汽车电动底盘核心技术

　　在无人驾驶汽车电动底盘系统中，制动系统、悬挂系统、转向系统、传动系统等子系统有一定的技术传承性。电动汽车动力系统等产生变化，传统的底盘系统要在原构架上做出调整。无人驾驶汽车电动底盘示意如图 1-13 所示。

图 1-13　无人驾驶汽车电动底盘示意

　　无人驾驶汽车电动底盘的核心技术主要包含环境感知层、决策规划层和运动控制层。环境感知层利用视觉传感器、雷达、轮速传感器等获取车辆行驶环境信息及车辆自身状态信息，决策规划层根据感知到的车辆信息实时规划行程轨迹并发布驾驶指令，运动控制层根据决策规划层的驾驶指令，控制车辆的纵向运动和横向运动。转向控制系统主要控制横向运动，驱动控制系统和制动控制系统主要控制纵向运动。制动系统作为智能汽车关键的运动控制层，需要完成决策规划层的行车制动和驻车制动指令，其执行效果直接影响智能汽车能否及时、准确且可靠地完成动态驾驶任务，是保障车辆安全稳定行驶的关键，如图 1-14 所示。

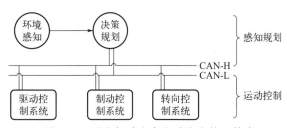

图 1-14　无人驾驶汽车电动底盘核心技术

　　对于无人驾驶汽车来说，制动系统和转向系统的接口需根据新的输入信息进行修改或者重新定义，制动系统和转向系统需要新的动力源，管路与零部件也需要更改。总体来说，无人驾驶汽车电动底盘布置应具备以下特点。

　　① 无人驾驶汽车电动底盘布局设计可沿用传统汽车底盘构架，底盘系统的基本工作原理不变。

　　② 无人驾驶汽车电动底盘是机电一体化的综合工程，其中包含动力电池系统、驱动电机系统、电动化辅助系统、电子控制系统等。底盘设计研发需要机械与电气等专业协同，必须对动力电池、驱动电机、控制系统等进行合理匹配，并且需要对传动系统、转向系统、制动系统进行线控技术的改造和处理。

　　③ 无人驾驶汽车电动底盘布置可采用整体化设计，使整车零部件减少，满足车载能源的多样性。采用整体化设计也能节省整车内部空间，为外部造型、整车碰撞安全性等带来更多创新设计。

　　④ 由于续航行驶要求、动力性能要求，以及动力电池重量在电动底盘布置

中占据较大比例，因此无人驾驶汽车在布局设计时也要注重底盘轻量化技术。目前汽车电动底盘轻量化技术主要包括底盘轻量化材料应用（比如碳纤维、铝合金等轻质金属）、动力电池轻量化技术、采用轻量化轮毂减轻技术改善加速和操控性能等。

1.2.2　无人驾驶汽车底盘系统

无人驾驶技术是对人类驾驶员在长期驾驶实践中，对"环境感知-决策与规划-控制与执行"过程的理解、学习和记忆的物化，如图 1-15 所示。无人驾驶汽车底盘系统是一个复杂的、软硬件结合的智能自动化系统，运用到了自动控制技术、现代传感技术、计算机技术、信息与通信技术以及人工智能等。

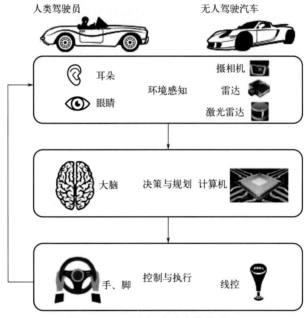

图 1-15　无人驾驶技术决策示意

基于决策层的无人驾驶汽车底盘系统如图 1-16 所示。

其中感知层融合处理来自无人驾驶汽车车载传感器的数据，为整个系统的其他部分提供周围环境的关键信息。任务规划层根据已有的路网信息计算所有到达下一个路径检测点可行路径的代价，再根据道路拥堵情况、最大限速等信息比较生成的可行路径，得到到达下一个检测点的最优路径。行为执行层将任务规划层提供的决策信息和感知层提供的当地交通与障碍信息结合起来，为运动规划层产生一系列局部任务。运动规划层根据来自行为执行层的运动目标生成相应运动轨迹并执行，从而使无人驾驶汽车到达这个运动目标。

通过大数据分析和深度学习等方法，提高汽车的智能水平，推动无人驾驶技术的进一步发展，如图 1-17 所示。

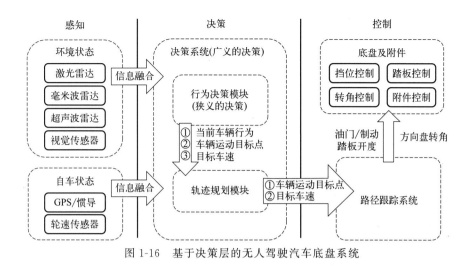

图 1-16 基于决策层的无人驾驶汽车底盘系统

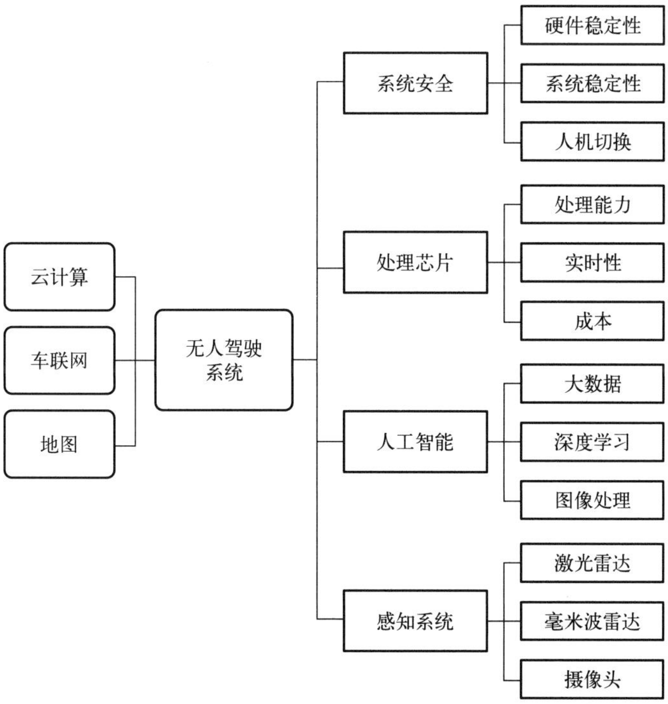

图 1-17 引入人工智能的无人驾驶系统

1.2.3 自动驾驶分级与系统

作为一个复杂的智能系统,无人驾驶汽车涉及的内容主要有如下几个方面。

① 体系结构。体系结构是一个系统的"骨架",确定了系统的基本组成框架和相互关系;对无人驾驶汽车系统来说,体系结构还包括系统信息的交流和控制调度,因此又起到了"神经系统"的作用。无人驾驶汽车体系结构定义了系统软、硬件的组织原则、集成方法及支持程序。一个合理的体系结构

可以实现系统模块之间的恰当协调，并在系统的软、硬件上具有开放性和可扩展性。

② 环境感知。无人驾驶汽车的环境感知像人类的视听感觉一样，利用各种传感器对环境进行数据采集，获取行驶环境信息，并对信息中的数据进行处理。环境感知系统为无人驾驶汽车提供了本车和周围障碍物的位置信息，以及本车与周围车辆等障碍物的相对距离、相对速度等信息，进而为各种控制决策提供信息依据。它是无人驾驶汽车实现避障、自定位和路径规划等高级智能行为的前提条件和基础。

③ 定位导航。无人驾驶汽车通过定位导航系统获得汽车的位置、姿态等信息。定位导航系统是无人驾驶汽车行驶的基础。常用的定位导航技术有航迹推算技术、惯性导航（inertial navigation system，INS）技术、卫星导航定位技术、路标定位技术、地图匹配定位（map matching，MM）技术和视觉定位导航技术等。组合导航系统中，综合两种或两种以上不同类型的导航传感器信息，可以获得更高的导航性能。

④ 路径规划。路径规划是指在一定环境模型基础上，给定无人驾驶汽车的起始点与目标点后，按照某一性能指标规划出一条无碰撞、能安全到达目标点的有效路径。路径规划主要包含两个步骤：一是建立环境地图；二是调用搜索算法在环境地图中搜索可行路径。

⑤ 运动控制。无人驾驶汽车的运动控制分为纵向控制和横向控制。通过对油门和制动的协调，纵向运动控制实现对期望车速的精确跟随。在保证车辆操纵稳定性的前提下，横向运动控制实现无人驾驶汽车的路径跟踪。

⑥ 一体化设计。相对于传统的添加外部机构的改造方法，无人驾驶汽车的一体化设计是未来无人驾驶汽车设计的导向。它综合考虑无人驾驶汽车对局部环境的感知和决策，以及车辆的动力学特性等性能之间的相互联系和影响，在构建的无人驾驶汽车上集成设计各个模块及其相关过程。它注重设计的整体性，以获得无人驾驶汽车设计整体最优为目标，在控制、结构、性能、布局、强度、可靠性、维修性和寿命周期费用等多方面进行综合分析和协调权衡。

汽车的智能化发展是逐步推进的，2014 年美国汽车工程师学会（society of automotive engineers，SAE）将汽车自动化等级定义为以下六个层次。

L0（无自动驾驶，level 0 driver only）：完全由驾驶员持续控制汽车的速度和方向，没有辅助系统的干预。

L1（辅助驾驶，level 1 assisted）：驾驶员持续控制汽车的纵向或横向的驾驶任务，另一方向的驾驶任务由辅助驾驶系统控制，如辅助泊车系统。

L2（部分自动驾驶，level 2 partial automation）：驾驶员必须持续监测动态驾驶任务及驾驶环境。在一定的条件下，自动驾驶系统控制汽车的纵向和横向动态驾驶任务，如交通拥堵辅助系统。

L3（有条件自动驾驶，level 3 conditional automation）：驾驶员不需要持续监测驾驶任务和驾驶环境，但是驾驶员必须时刻处于一个可以随时恢复对汽车控制的位置。自动驾驶系统在一定的条件下可以控制汽车的纵向和横向驾驶任务，但是自动驾驶系统的性能有限，要保证驾驶员有足够的反应时间恢复对汽车的控制，如高速公路自适应巡航控制（adaptive cruise control，ACC）系统。

L4（高度自动驾驶，level 4 high automation）：在一定使用条件下，不需要驾驶员存在，自动驾驶系统控制着汽车的纵向和横向驾驶任务，如城区环境下的自动驾驶系统。

L5（完全自动驾驶，level 5 full automation）：在所有工况行驶过程中，自动驾驶系统控制着汽车的纵向和横向驾驶任务，不需要驾驶员存在。

2016 年 9 月，SAE 对这套分级标准进行了修改，使自动驾驶汽车的分级更加细化。并明确指出，到 2020 年，掌握智能辅助驾驶总体技术及各项关键技术，减少交通事故 30％以上，减少交通事故死亡人数 10％以上；到 2025 年，掌握自动驾驶总体技术及各项关键技术，实现可完全自动驾驶，无人驾驶汽车最高安全车速达到 120km/h，综合能耗较常规汽车降低 10％以上，减少排放 20％以上。新版的分级标准充分考虑系统失效的可能性，并定义失效时的最小化风险路径，不同等级系统的特性很大程度上取决于它是否能提供这个路径，是否需要人类驾驶员的协助。其中主要修改是对动态驾驶任务（dynamic driving task，DDT）的细节定义，如 L2 级除了要求自动驾驶车辆可以控制方向盘和加减速外，还应能执行部分目标检测功能，并且 L3、L4 和 L5 级继续对这一功能进行了细化。L3 级要求在遇到紧急情况时，自动驾驶系统不能立即退出，应由系统的动态驾驶任务后援用户（DDT fallback—ready user）进行干预，给予驾驶员足够的时间来接管方向盘和制动踏板。L4 级要求在遇到系统故障时，自动驾驶汽车在自动召唤紧急援助之前，应打开危险闪光灯，操纵车辆行驶到路边并停车，以使风险降到最低。

1.3　无人驾驶技术应用

1.3.1　无人驾驶与车联网

智能网联汽车是指搭载先进的车载传感器、控制器、执行器等装置，并融合现代通信与网络技术，具备复杂环境感知、智能化决策、自动化控制功能，使车辆与外部节点间实现信息共享与控制协同，实现"零伤亡、零拥堵"，达到安全、高效、经济行驶的下一代汽车。

无人驾驶汽车替代传统汽车还需要一定的时间，而这期间必然会存在无人驾驶汽车和传统汽车并行的时期。无人驾驶汽车不仅要实现有人驾驶和无人驾驶的无缝接合，能够实现良好的人机交互，还要具有车与车交互的特点。车联网通常是指车与车（V2V）、车与路面基础设施（V2I）、车与人（V2P）、车与传感设备的交互，实现车辆与公众网络通信的动态移动通信系统。如图 1-18 所示，它利用通信、互联网、物联网技术将各种车辆进行广泛联网进而展开各种综合应用，包括智能交通、汽车（移动）互联网及其应用、汽车通信网及其应用等，通过车与车、车与人、车与路互联互通实现信息共享，收集车辆、道路和环境的信息，并在信息网络平台上对多源采集的信息进行加工、计算、共享和安全发布。

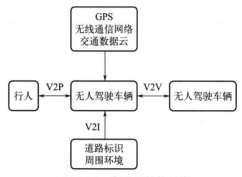

图 1-18　车联网结构示意

无人驾驶汽车之间的通信，可以大大降低交通事故的发生率。如图 1-19 所示，在公路上正常行驶的一辆汽车突然制动，后面有一辆汽车跟随，后车驾驶员从发现制动灯亮起到踩下制动踏板，这个过程需要一段时间，若注意力不集中，则需要的时间更长。当这两辆车可以进行通信时，只要前车踩下制动，就可以同时向后车发出信号，后车接收到信号后能迅速采取减速甚至紧急制动措施。

图 1-19　无人驾驶汽车之间的通信

无人驾驶汽车与道路基础设施之间的通信技术可以使汽车提前得知路口交通信号灯的状态，且道路旁的通信装置也能侦测附近一段路的拥堵情况，并发送信号给较远距离的车辆，从而使汽车绕开拥堵路段。道路信号也可以上传到网络，再传送给更远的车辆，以便更多的汽车合理规划出行路线，如图 1-20 所示。

在未来的车联网时代，无线通信技术和传感技术之间会是一种互补的关系，当无人驾驶汽车处在转角等传感器的盲区时，无线通信技术就会发挥作用；而当无线通信的信号丢失时，传感器又可以派上用场。车联网帮助所有车辆与网络互联，做到车与车、车与路侧设施、车与人之间信息的实时交互，不仅提高了交通效率，更有效保证了驾驶安全。

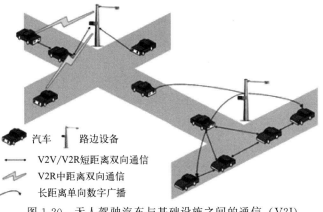

汽车 路边设备

V2V/V2R短距离双向通信

V2R中距离双向通信

长距离单向数字广播

图 1-20　无人驾驶汽车与基础设施之间的通信（V2I）

1.3.2　无人驾驶与智能交通系统

智能交通系统是将先进的信息技术、通信技术、传感技术、控制技术以及计算机技术等有效地集成运用于整个交通运输管理体系，从而建立起一种在大范围内全方位发挥作用的实时、准确、高效的运输和管理系统。它以信息的收集、处理、发布、交换、分析、利用为主线，为交通参与者提供多样性服务，即利用高科技使传统交通模式变得更加智能化，更加安全、节能、高效率。

在技术支持方面，智能交通系统能够为无人驾驶汽车提供先验信息，提高无人驾驶汽车的识别效率和识别准确率，促进无人驾驶汽车的安全可靠运行。例如，现在的无人驾驶汽车在识别交通标志方面仍然存在一定的困难，如果仅依靠车载视觉，现在的计算机技术无法百分之百准确识别，此时可以引入 V2X，通过通信将交通标志的信息主动发给无人驾驶汽车（图 1-21）。

图 1-21　交通标志检测

在未来的智能交通系统中，无人驾驶汽车的行驶线路可以在其出发前就已经在网络计算中心得到统筹计算规划。行程中关键信息是实时地理位置坐标，通过远距离射频识别信号不断与沿途网络天线交流，告诉车辆位置信息并连续不断地获取和执行新的直行或转向、速度等位置移动信息指令，其车载电脑仅需实时通过传感器或激光雷达对行进前方及周边物体的间距信息做监控判断，一旦判断在对应速度的行进方向位移可能会与前方物体发生触碰，即刻优先执行制动或转向指令，之后再继续执行位移指令。这样对其车载计算机的计算工作量就减轻了许多，使无人驾驶汽车实际上处于覆盖城市道路交通信息的网络系统中，只是众多"末端细胞"之一。其技术水平并非需要如同人类大脑具有独立的思维能力，而是依靠基础设施的"团队合作"，无人驾驶汽车在移动中不断发出车辆身份信息，和速度多少、是否加速或减速、方向与预转向的偏向角多少的状态信息，以及路边沿途信息，同时接收网络传输的各项移动指令，使得此车辆在众多行进在该路段车辆中，一方面按照信息网络统筹调度，另一方面与周围车辆彼此间都相互了解当前和下一步移动意向。通过周围不同位置和角度的各车辆及道路旁或上方的传感器构成的全方位立体信息网络，就能够使无人驾驶车辆提前预知而采取预防措施，避免追尾、剐蹭等事故的发生，无人驾驶汽车的行驶安全性将会比有人驾驶的汽车更高。对比之下，在一体化的系统中各车辆及沿途诸多传感器都会将各自观察到的信息连续不断地实时报告给智能交通信息网络，同时获取网络通过无线传输的有关行进前方和周围信息并，与车载传感器观察到的信息进行综合计算判断，执行最为安全可行的行驶指令。

智能交通技术和无人驾驶技术的相互促进，传感器技术和信息技术的不断发展，处理器与芯片性能的不断提高，都可能为未来出行提供新的解决方案。无人驾驶汽车将会是未来智能交通中的重要组成部分，而无人驾驶技术和车联网技术的发展将助推智能交通迈向新的阶段。对于实现高等级的无人驾驶，理解人类意图是根本挑战。人脑具有因果关系的理解能力，但人工智能在短时间内还达不到这么高的水平。例如，在通过路口时，传感器可以识别出存在的行人和车辆，但对于这些行人和车辆下一步的行动却无法准确预测。因此，建立完善的车联网和智能交通网络，实现无人驾驶汽车与各种交通参与者的信息交互是实现真正无人驾驶所必不可少的环节。

1.3.3　无人驾驶汽车在特定区域的应用

无人驾驶汽车在复杂的交通环境下使用可能仍需时日，但是在一些特定场景，如矿区、景区、庄园、度假村、停车场等，无人驾驶汽车已经崭露头角。因为这些地方均属于局部封闭场所，地图信息已知且环境信息相对简单，实现无人驾驶功能并不复杂。在这些封闭区域投入无人驾驶汽车还具有降低人力成本、提高生产工作效率的优点。

在进行矿山开采时，工作环境较为艰苦，且运输过程中由于工人疏忽或过度疲劳，经常会发生严重事故，造成巨大的人力和物力损失。矿区属于局部封闭区域，环境信息较为简单，可以在此区域引入无人驾驶汽车，不仅有效减少采矿过程中的事故发生率，还可以降低人力开支在运输成本中的比例，节约开支。此外，无人驾驶汽车可快速、安全地运输矿石，更高效地使用燃料，降低能源成本，从而直接提高生产率。

　　停车场是建设在公园、道路或广场等中的专用停车场所，它可以集中存放车辆，有效利用城市空间，方便车辆的统一管理，正在发挥着越来越重要的作用。停车场分为地上停车场和地下停车场，因为地下停车场具有使用管理方便，不占用城市表面用地，无须拆迁、征地等优点，正逐渐代替地上停车场成为城市建设中的重要一环。在地下停车场中，环境较为简单，场景相对封闭，地图信息可知，因此成为现阶段科技公司投入无人驾驶汽车的首选之地。在地下停车场引入无人驾驶摆渡车，车主可以通过终端查询自己车辆的位置，然后呼叫摆渡小车，把车主送到自己停车的车位上，这样不仅可以减少人们找不到车的烦恼，而且可以大幅增加停车场的面积与容量，提高停车场使用效率。

第
2
章

电动机驱动系统

无人驾驶汽车运行过程中可能遇到各种工况，比如频繁启动、低速平稳运行、高速高效率运行、制动能量回收等，而且运行环境苛刻，这样对电机的要求很高。

电动机驱动系统是无人驾驶汽车电动底盘的关键技术之一，电动机的特性与发动机有着很大的不同。而不同种类的电动机采用不同的控制方法，其输出特性也有着较大的差异。无人驾驶汽车上使用的驱动电动机种类主要为直流电动机、交流感应电动机（异步电动机）、永磁同步电动机、开关磁阻电动机等。

2.1 直流电动机及其驱动系统

直流电动机在电动机体系中占有重要的地位，而直流电动机控制理论也是电动机控制理论的基础。直流电动机驱动系统是发展最早、技术最成熟的一种电动机驱动系统，在早期的电动汽车中得到了广泛的应用。

2.1.1 直流电动机的工作原理

直流电动机的基本工作原理如图 2-1 所示。上下是两个固定的磁铁，上面为 N 极，下面是 S 极。在两极之间安装一个可以转动的圆柱体称为电枢。电枢表面的槽里安装着两段导体 ab 和 cd，两段导体的一端（b 端与 c 端）相互连接成一个线圈，称为电枢绕组。电枢绕组的两端（a 端与 b 端）分别与一个可以旋转的半圆形导体相互连接，两个半圆形导体称为换向片，两个换向片相互绝缘，与电枢绕组同轴旋转。换向器上面压紧两个固定不动的电刷 A、B，它们分别连接一个直流电源的正极和负极。图 2-1 中电刷 A 连接到电源的正极，电刷 B 连接到电源的负极。当在如图 2-1(a) 所示位置时，ab 段导体在 N 极之下，电流方向为由 a 到 b，根据左手定则，其受力为逆时针方向。cd 段导体在 S 极之下，电流方向为由 c 到 d，其受力也为逆时针方向，电枢连同换向器将逆时针旋转；当导体与换向器旋转至如图 2-1(b) 所示位置时，cd 段导体转到 N 极之下，但其电流方向改变为由 d 到 c，故其受力仍为逆时针方向。ab 段导体转到 S 极之

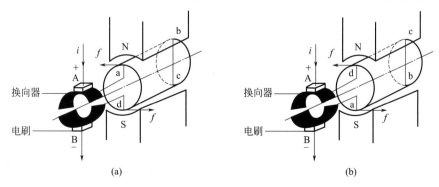

图 2-1　直流电动机的基本工作原理

下，其电流方向改变为由 b 到 a，受力仍为逆时针方向。因此，电动机可以进行连续的旋转，这就是直流电动机的基本工作原理。

按照电动机磁场的产生方式，使用永久磁体产生磁场的电动机称为永磁式电动机，如果磁场是由直流电通过绕在磁极铁芯的绕组产生的，这样的直流电动机称为绕组励磁式电动机。小功率的电动机通常使用永磁式，而大功率的电动机通常使用绕组励磁式，其结构主要由固定不动的定子部分和可以旋转的转子部分组成。定子部分由机座、主磁极、换向极和电刷组成。机座起到支撑电动机和作为一部分主磁路的作用。主磁极由铁芯和套装在铁芯上面的励磁绕组组成，它的作用是产生电动机的磁场。一般制成多极，但总是偶数，且 N、S 极相间出现，一个 N 极与一个 S 极称为一个极对。换向极结构和主磁极相似，作用是减小电刷与换向器之间的火花。电刷是电枢电路的引入装置，把转动的电枢电路与不转的外电路进行连接，所以直流电动机通常也称为直流有刷电动机。转子部分由电枢铁芯、电枢绕组和换向器组成。电枢铁芯为主磁路的一部分，通常由冲有齿和槽的硅钢片叠压而成，它的槽中嵌入电枢绕组。电枢绕组由一定数目的电枢线圈按一定规律连接组成，线圈由绝缘的导线绕成，当线圈中流过电流时，在磁场中受力产生电磁转矩。换向器由许多换向片组成，在直流电动机里，换向器实际起到的是逆变的作用。

直流电动机励磁绕组的供电方式称为励磁方式，按照直流电动机励磁方式不同，直流电动机又可划分为他励式和自励式两种。他励式直流电动机励磁绕组的励磁电流由其他独立直流电源供给，励磁绕组与电枢绕组在电路上互相独立，如图 2-2(a) 所示。他励式直流电动机为最简单的电动机形式。自励式电动机的励磁绕组和电枢绕组由同一个电源供电，又分为并励、串励和复励三种。并励式直流电动机的励磁绕组和电枢绕组相并联，如图 2-2(b) 所示。其励磁绕组端电压与电枢绕组的端电压相同。串励式直流电动机的励磁绕组和电枢绕组相串联，如图 2-2(c) 所示。其励磁绕组的电流与电枢绕组的电流相同。复励式直流电动机的主磁极铁芯上面有两个励磁绕组，一个是和电枢相并联的并励绕组，一个是和电枢相串联的串励绕组，如图 2-2(d) 所示。直流电动机励磁消耗的功率不大，一般占电动机额定功率的 $1\%\sim3\%$。

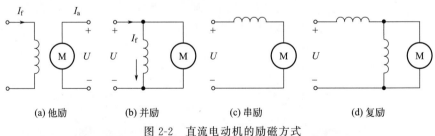

(a) 他励　　　　　(b) 并励　　　　　(c) 串励　　　　　(d) 复励

图 2-2　直流电动机的励磁方式

直流电动机运行时，如果按其设计时的额定值运行，可以保证其可靠工作，并有良好的性能。直流电动机的额定参数有额定功率 $P_N(kW)$、额定电压 $U_N(V)$、额定电流 $I_N(A)$、额定转速 $n_N(r/min)$ 和额定励磁电压 (V) 等。

电动机的额定功率是指电动机在额定运行时的输出功率。对于电动机，额定输出功率为机械功率，$P_N = U_N I_N \eta_N$，η_N 为额定效率；对于发电机，额定输出功率为电功率，$P_N = U_N I_N$。额定电压为额定运行时电枢绕组的输入电压。

2.1.2 直流电动机的动态方程与特性分析

为了对电动机运行时的状态进行分析，可以通过建模的方法把电动机运行时的电气关系进行电路等效。直流电动机在稳态运行时（稳态运行指电动机的电压、电流、转速不再发生变化），其电枢电路可以等效为图 2-3，则

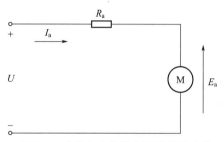

图 2-3 直流电动机稳态运行等效电路

$$U_a = E_a + I_a R_a \tag{2-1}$$

式中 U_a——加在电枢回路两端的端电压，V；

$\quad\quad E_a$——电枢绕组在磁场中旋转产生的感应电动势，称为电动机的反电动势，V；

$\quad\quad I_a$——电枢绕组的电流，A；

$\quad\quad R_a$——电枢绕组的电阻，Ω。

式(2-1) 称为直流电动机的电枢电压方程。

由电动机理论可知

$$E_a = K_e \Phi n \tag{2-2}$$

式中 K_e——电动机的电动势常数，是一个取决于电动机结构的常数；

$\quad\quad \Phi$——电动机每极的磁通，Wb；

$\quad\quad n$——电动机的转速，r/min。

由式(2-2) 可知，电动机的感应电动势与每极磁通成正比，与电动机的转速成正比。式(2-2) 称为直流电动机的电枢电动势方程。

直流电动机的电磁转矩可由式(2-3) 得出。

$$T = K_T \Phi I_a \tag{2-3}$$

式中 T——电动机产生的电磁转矩，N·m；

$\quad\quad K_T$——电动机的转矩常数，也是一个取决于电动机结构的常数，并且 $K_T = 9.55 K_e$。

由式(2-3) 可知，电动机的电磁转矩与每极磁通成正比，与电动机的电枢电流成正比。式(2-3) 称为直流电动机的电磁转矩方程。

由式(2-1)～式(2-3) 可得

$$n = \frac{U}{K_e\Phi} - \frac{R_a}{K_T\Phi^2 K_e}T \tag{2-4}$$

式(2-4) 反映了电动机输出的电磁转矩与电动机转速之间的关系。他励式直流电动机的励磁电流 I_f 一定时，电动机的磁通 Φ 为常数。当电动机的电枢端电压 U 一定时，电磁转矩 T 与转速 n 之间的函数关系为 $n = f(T)$，所对应的函数曲线如图 2-4 所示。式(2-4) 称为他励式直流电动机的机械特性方程，也称为外特性方程。图 2-4 称为他励式直流电动机的机械特性曲线，也称为外特性曲线。图中，$n_0 = U/(K_e\Phi)$，为电动机的空载转速。电动机稳态运行时，电磁转矩 T 的大小取决于负载转矩的大小。

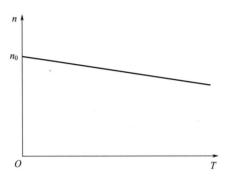

图 2-4　他励式直流电动机的机械特性曲线

电动机运行的动态过渡过程如下：如果电动机在稳态运行中负载转矩突然增加，会导致电动机减速运行，转速 n 将减小，由式(2-2)可知转速 n 减小会导致电动机的反电动势 E_a 减小，由式(2-1)可得，电动机的电枢电流 I_a 将增大，又由式(2-3)可知，I_a 的增大会导致电动机电磁转矩 T 的增大，电动机又将加速运行。但由于电枢电流的增加，导致消耗在电动机电枢电阻上的功率会加大，故电动机到达稳态时，电动机的转速不能恢复到原来的数值，会有所下降，但由于电枢电阻 R_a 比较小，故电动机到达稳态，其下降的速度并不大，表现为机械特性为一条稍向下倾斜的直线。直线斜率越小，则机械特性越强。

当电枢电压 U、励磁电流 I_f 都为额定值时的机械特性称为电动机的固有机械特性，也称为自然机械特性。如果改变了电枢电压、励磁电流或电枢串接外电阻，这时的机械特性称为电动机的人为机械特性。

他励式直流电动机的励磁电流与负载无关，而串励式直流电动机的励磁电流与电枢电流相同，它将随负载的变化而变化。电压方程的电阻除电枢电阻 R_a 外，还有串励绕组的电阻 R_f。串励直流电动机的机械特性方程表达式仍为

$$n = \frac{U}{K_e\Phi} - \frac{R_a + R_f}{K_T\Phi^2 K_e}T \tag{2-5}$$

电机机械特性如图 2-5 左半部分所示，转速随电磁转矩下降较快，机械特性较软。若电流较大，磁路饱和，磁通不再随电流变化而变化，这时其机械特性与他励式直流电动机机械特性十分接近，为一条略微向下倾斜的直线。但因

串励式直流电动机的电阻比他励式直流电动机的电阻大一个串励绕组电阻，所以串励式直流电动机的转速降比他励式直流电动机稍大，如图 2-5 右半部分所示。

由于串励式直流电动机机械特性较软，随着转矩的增大导致转速下降较快，所以不会引起由于负载过大导致的电动机过载。但是由图 2-5 可知，负载转矩趋近零时，电动机转速将趋近无穷大，故串励式直流电动机不允许空载运行，也不允许皮带传动，以免皮带脱落造成"飞车"现象。

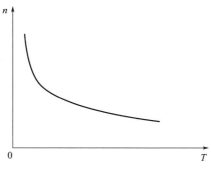

图 2-5　串励式直流电动机的机械特性

串励式直流电动机启动时磁路没有达到完全饱和，串励直流电动机的启动转矩虽然不能与 I_a^2 成正比，但是也比他励式直流电动机的启动转矩（与 I_a 成正比）大，故串励式直流电动机适用于启动困难且不空载运行的机械。

当电动机的电磁转矩 T 方向改变时，电动机就可以反向拖动运行。由直流电动机的电磁转矩公式 $T = K_e \Phi I_a$ 可知，改变磁通 Φ 的方向或者改变电枢电流 I_a 的方向，都可以改变电磁转矩的方向，实现电动机的反转。他励式直流电动机的励磁磁通 Φ 的方向由励磁电流 I_f 的方向决定，改变励磁电压 U_f 的方向就可以改变励磁电流 I_f 的方向。但是，他励式直流电动机的励磁绕组匝数比较多，具有较大的电感，反向磁通建立过程较慢，通常采用改变电枢电流 I_a 方向的方法实现电动机的反转。

汽车的制动分为机械制动和电气制动两种方法。机械制动方法与传统汽车方法相同，通过刹车片与制动盘之间的摩擦对汽车进行制动。对于电动机来说，还可以使用电气制动的方法。电动机在运行过程中，如果电磁转矩 T 与电动机转速 n 方向一致，那么 T 为拖动转矩，电动机运行在电动状态；如果电磁转矩 T 与电动机转速 n 方向相反，那么 T 为制动转矩，电动机就运行在制动状态。电动机的电气制动分为能耗制动、回馈制动和反接制动三种方式。能耗制动时，切断供电电源，将电枢绕组两端接通（通常串入一个限流电阻）。因为电动机转速不能突变，所以电枢电动势 E_a 也不变，在电枢电动势 E_a 的作用下，电枢电流 I_a 反向，产生制动转矩；反接制动时，通过对供电电压的反接，产生反向的电枢电流进行制动；回馈制动时，设法使电枢电动势 E_a 大于电枢电压 U，迫使 I_a 反向，产生制动转矩，同时电动机向电源馈电。汽车在行驶过程中，将会有大量的能量浪费在制动的损耗上，通过回馈制动，可以对一部分汽车动能进行回收利用，对增加续驶里程具有一定的意义，回馈制动是目前汽车电动机技术研究的焦点之一。

如图 2-6 所示，电动机正向电动运行时，电动机电磁转矩 T 与转速 n 都为正方向，这时电动机工作在转矩-转速坐标系的第一象限；电动机反向电动运行时，电磁转矩 T 与转速 n 方向都为负，电动机工作在第三象限；如果转速 n 方向为正，电磁转矩 T 方向为负，那么电动机工作在正向运行的制动状态，这时电动机工作在第二象限；如果转速 n 方向为负，电磁转矩 T 方向为正，那么电动机工作在反向运行的制动状态，这时电动机工作在第四象限。如果电动机在四个象限内都可以工作，则电动机可以进行四象限运行。

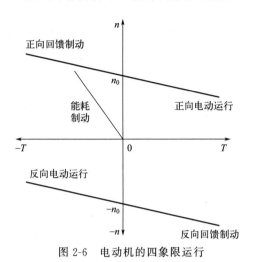

图 2-6　电动机的四象限运行

2.1.3　直流电动机的调速方法

由直流电动机的自然机械特性曲线可知，电动机的转速与电磁转矩存在着单值关系，而电动机在稳态时的电磁转矩是由负载转矩所决定的，故直流电动机工作在自然机械特性时的转速是无法控制的。由式（2-4）可知，如果改变电动机的电枢电压 U、磁通 Φ 或电枢回路电阻 R_a，就可以改变电动机的机械特性曲线。所以直流电动机的调速方法分为电枢降电压调速、电枢回路串电阻调速与改变磁通调速。

由式（2-4）可知，如果改变电动机的电枢电压，就改变了电动机的空载转速 n_0，而电动机机械特性曲线的斜率不受影响。故电动机工作在不同的电枢电压时，其机械特性曲线为一簇平行的直线，由于电动机不能工作在额定电压之上，故只能降低电源电压将额定转速 n_N 向下调速，其机械特性如图 2-7 所示。

如果直流电动机电枢电压不变，改变电动机的磁通，也可以改变电动机的机械特性。由于电动机的磁通不能超过其磁路饱和状态时的磁通，故只能减小磁通进行调速，由式（2-4）可知，如果降低了磁通 Φ，其空载转速 n_0 将会增大，但机械特性曲线斜率也会发生改变。他励式直流电动机的弱磁调速机械特性如图 2-8 所示，属于额定转速以上的向上调速。

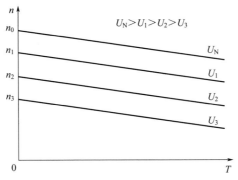

图 2-7　降低电枢电压时的机械特性

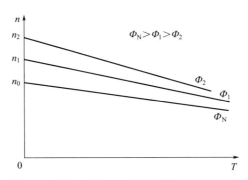

图 2-8　他励式直流电动机的弱磁调速机械特性

随着电力电子技术及微控制器技术的发展，直流电动机的降电压调速与弱磁调速都可以实现无级调速。把两者配合起来，可以实现双向调速，基速以下采用降压调速，基速以上采用弱磁调速。

电动机调速时所带负载的能力，可以用电动机允许输出的转矩和允许输出的功率表示。确定允许输出转矩和功率的大小所考虑的前提条件是合理地使用电动机，电动机在不同转速下运行时，电枢电流都等于额定值且保持不变，电动机为最合理的使用状态。故用电动机电枢电流 $I_a = I_N$ 且不变时，电动机允许输出的转矩和功率来表示电动机带负载的能力。降低电源电压调速时，若保持 $I_a = I_N$ 不变，电磁转矩 $T = K_T \Phi I_N = T_N$ 也基本保持不变，称这种调速方式为恒转矩调速。在恒转矩调速时电动机允许输出的转矩保持不变，与转速无关。这时允许输出的功率与转速成正比变化。在电动机的弱磁调速时，可以证明，若保持 $I_a = I_N$ 不变，电动机功率也基本保持不变，称这种调速方式为恒功率调速。在恒功率调速时电动机允许输出的功率保持不变，与转速无关，这时允许输出的转矩与转速成反比变化。图 2-9 显示了恒转矩调速与恒功率调速的配合方式。在基速以下时，采用降低电源电压的恒转矩调速方式，这时励磁磁通为额定状态；基速以上时采用降低磁场磁通的恒功率调速方式，这时电枢电压为额定值。需要指出的是，恒转矩调速方式与恒功率调速方式，都是用于表征电动机采取某种调速方式时带负载的能力，并不是指电动机的实际输出。在电动机实际运行时，电磁转矩的大小取决于负载转矩的大小。恒转矩与恒功率的含

义是若保持 $I_a = I_N$ 不变，可以恒转矩输出和恒功率输出。

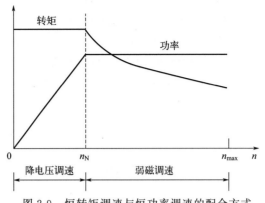

图 2-9　恒转矩调速与恒功率调速的配合方式

如果电动机电流可以超过额定值运行，可以用 $I_a = I_{max}$ 时的转矩及功率来确定恒转矩曲线及恒功率曲线。

2.1.4　直流电动机的脉宽调制控制

当需要对电动机的电枢电压大小进行控制时，脉宽调制（pulse width modulation，PWM）控制方法已经成为主流控制方法，其控制原理如图 2-10 所示。

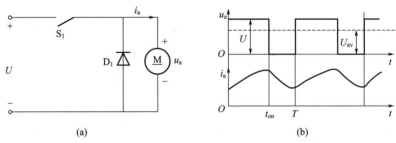

图 2-10　PWM 控制原理

图 2-10(a) 中，当开关 S_1 接通时，电源电压加到电动机电枢两端，电动机旋转，同时电枢电感储存能量；当开关 S_1 断开时，电源停止向电动机提供能量，但电枢电感存储的能量通过与电动机电枢反向并联的二极管续流，电流降为零之前，电动机仍然能继续旋转，开关以极高的频率不停地关闭和断开（通常为 1~10kHz），电枢电压和电流如图 2-10（b）所示。电枢电压的平均值 U_{av} 为

$$U_{av} = \frac{1}{T}\int_0^T u_a \mathrm{d}t = \frac{1}{T}\int_0^{t_{on}} U \mathrm{d}t = \delta U \tag{2-6}$$

式中，δ 为占空比，为开关导通时间与导通周期的时间比，δ 的变化范围为 $0 < \delta < 1$。

电枢电压的平均值 U_{av} 由电源电压和占空比所决定，这样，就可以通过控制占空比 δ 的大小来控制电动机的电枢电压，实现对电动机的调压控制。

目前，在 PWM 控制中，通常使用定频调宽法来改变占空比的值，即保持周期 T（或频率）不变，改变开关导通时间 t_{on} 来改变占空比的大小。实际应用中，开关 S_1 为一个可控的开关管（通常使用 MOSFET 管或 IGBT 管），通过高频的 PWM 信号来控制其导通与关断，实现 PWM 控制。

驱动电动机通常需要进行四象限运行，通过采取如图 2-11 所示的 H 桥式电路即可实现对直流电动机的四象限运行控制及制动方式的控制。其中 V1～V4 为开关管，D1～D4 为续流二极管。

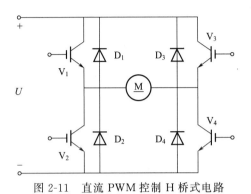

图 2-11　直流 PWM 控制 H 桥式电路

对于如图 2-11 所示的桥式电路，以电动机正向旋转为例，可以控制电动机工作在以下四种状态，并且不存在电流断续的状态。

① 电动状态。当 V1、V4 导通，V2、V3 关断时，电动机电枢绕组通过正向电流，电动机工作在正向电动运行状态。

② 电动续流状态。当处于电动状态时，若 V_1 的 PWM 信号变为低电平，V_1 将关断，V_4 继续导通。此时电动机电枢的电压为零，由于电枢绕组存在感性，其电流不能突变，电枢绕组的自感电动势将克服反电动势 E_a 通过 V_4 与 D_2 进行续流，电动机消耗存储在电感中的能量进入电动续流状态，此时电流将持续衰减。

③ 能耗制动状态。如果电动机续流结束，将 V_2 打开，V_4 关断，此时因为电动机继续正向旋转，反电动势 E_a 方向不变，电动机在反电动势的作用下将通过 V_2、D_4 产生一个反向的电流，电动机相当于工作在能耗制动的状态。

④ 再生制动状态。在能耗制动时，如果使 V_2 关断，电流失去续流通路并会迅速减小，电流的减小会感生出与电源电动势方向相反的感生电动势，通过二极管 D_1、D_4 对电源馈电，实现再生制动。

同样，电动机反向运行时也可以通过控制实现以上四种状态。

2.1.5　直流电动机的转矩与转速控制

如果想对电动机的运行进行精确的控制，那么必须能够对电动机的电磁转矩进行控制。因为作用在电动机上的合转矩为电动机电磁转矩与负载转矩之差，而转速为转矩的积分，位置为速度的积分，只要控制了电动机的电磁转矩，就可以控制电动机的速度或是位置，实现对电动机动态特性的控制。直流电动机的转矩在主磁极励磁磁通保持恒定的情况下与电枢电流呈线性关系，通过对电枢电流闭环控制就可以实现快速而准确的转矩控制。直流电动机的转矩闭环控制如图 2-12 所示。由检测到的电枢电流 I_a 求得电动机的实际转矩 T，给定转矩 T^* 与实际转矩 T 做差后通过转矩控制器（通常是 PI 调节器）进行调节，得出电动机电枢的给定电压 U，通过 PWM 控制后给电动机供电。

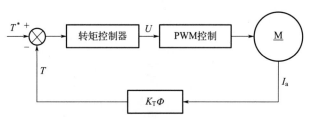

图 2-12　直流电动机的转矩闭环控制

如果希望精确控制电动机的转速，可以将转速反馈，在转矩环外面再加上转速闭环控制，给定转速 n^* 与实际转矩 n 做差后通过转速控制器（通常也是 PI 调节器）进行调节得出电动机电枢的给定转矩 T^*，如图 2-13 所示。转矩环在内，可以充分利用电动机的过载能力以获得快速响应；转速环在外，可以实现转速的无静差调节，这种控制方法也称为直流电动机的双闭环控制。

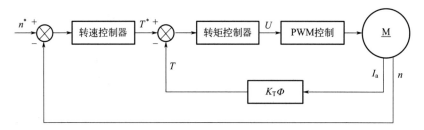

图 2-13　直流电动机的转速、转矩闭环控制

2.1.6　直流电动机的特点

由于直流电动机的转矩与电枢电流成正比，故直流电动机可以通过简单的控制方法获得良好的动态控制性能。通过对直流电动机的电枢电压控制，实现基速以下调速；通过对励磁绕组电流的控制，实现电动机的弱磁升速。直流电动机可以快速地进行启动、制动、正反转，并且在低速时可以平滑地运转。他励、并励、串励、复励式直流电动机在实际中都得到了应用，串励式直流电动机还具有低速时自动获得大转矩的优点，符合汽车所要求的转矩特性。

但是，由于直流电动机需要通过电刷和换向器进行换向，容易造成电刷和换向器的磨损，换向不良时还会产生火花。因此，直流电动机的可靠性较差，必须定期进行维护，并且直流电动机不适合进行高速运转。同等功率下，直流电动机体积、重量较大。

2.2　交流感应电动机及其驱动系统

交流感应电动机又称为异步电动机，它有着结构简单、价格低廉、坚固耐用、运行可靠等特点，目前在大功率电动汽车驱动电动机上有着广泛的应用。

2.2.1　交流感应电动机的工作原理

交流感应电动机也由定子和转子两大部分组成，定子主要由定子铁芯、定子绕组和机座三部分组成。定子铁芯为主磁路的一部分，由硅钢片叠压而成，在其内圆周上冲满槽，槽内安放三相对称绕组，三相绕组常按星形方式连接。转子由转子铁芯、转子绕组和轴承组成。转子铁芯也是主磁路的一部分，也由硅钢片叠压而成。转子绕组分为笼型（图 2-14）和绕线型（图 2-15）两种。其中，笼型绕组为自动闭合的对称多相绕组，它由插入每个转子槽中的导条和两端的端环构成，一根导条为一相绕组。笼型转子结构简单，制作方便，经久耐用。

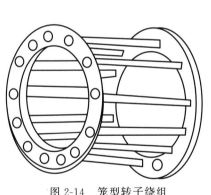

图 2-14　笼型转子绕组

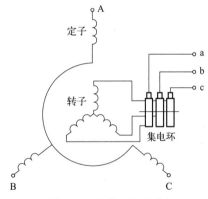

图 2-15　绕线型转子绕组

交流感应电动机的工作原理如图 2-16 所示，三相对称的定子绕组通上三相交流电之后，将在气隙上产生一个旋转磁场，旋转磁场的转速 n_1 取决于电动机的磁极对数 p 和三相交流电的频率 f，$n_1=60/f$。这个旋转磁场切割转子的绕组，在转子绕组中感应出感生电动势，产生感生电流，该电流与旋转磁场相互作用，产生电磁转矩，使转子跟随旋转磁场同方向旋转。如果转子的转速 n 与旋转磁场转速相同，那么旋转磁场与转子绕组没有相互运动，旋转磁场不再切割转子绕组，就不能在转子中产生感生电动势，也就不能产生转子电流和电磁转矩。因此转子的转速 n 永远也赶不上旋转磁场的转速 n_1，不可能达到同步，这就是交流感应电动机也被称为"异步电动机"的原因。把 $\Delta n = n_1 - n$ 称为转速差，$s = \Delta n / n_1$ 称为转差率。一般交流感应电动机的转差率为 0.02～0.05。

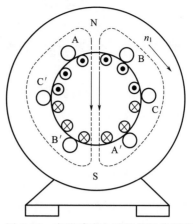

图 2-16   交流感应电动机的工作原理

感应电动机的额定值也有额定功率 P_N（kW）、额定电压 U_N（V）、额定电流 I_N（A）、额定转速 n_N（r/min）和额定频率（Hz）等参数。其中额定功率指电动机的输出功率，额定电压、额定电流指额定运行时定子的线电压和线电流额定转速指额定运行时的转子的转速，额定频率指通入定子三相交流电的频率。

2.2.2   交流感应电动机的特性分析

由电动机理论可知，当通到交流感应电动机三相交流电的电压、频率都为固定值时，其机械特性如图 2-17 所示。

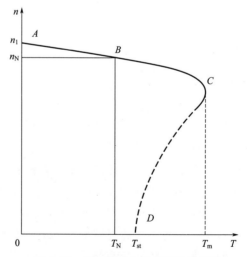

图 2-17   交流感应电动机的机械特性

A 点为同步运行点，该点 $T=0$，$n=n_1$，此时电动机不能进行能量转换。

B 点为额定运行点，此时电动机为额定运行状态。

C 点为最大转矩点，该点时转矩达到最大值。此时所对应的转差率 s_m 为额定转差率。在 $0<s<s_m$ 时，转矩随着转速的增加而减小；在 $s>s_m$ 时，转矩随着转速的减小而减小，如果电动机在此区域内工作，那么负载稍有扰动，就会造成电动机运行状态的不稳定，故电动机只能工作在区域 $0<s<s_m$ 区域内。

D 点为启动点，所对应的转矩为启动转矩。可知该点的转矩小于电动机的最大转矩，这不符合汽车低速大转矩的要求。

综上所述，交流感应电动机在固定电压和频率时的运行状态不适于汽车牵引的要求，必须加以控制来改变其特性。

2.2.3　交流感应电动机的矢量控制

直流电动机在主磁极励磁磁通保持恒定的条件下，它的电磁转矩与电枢电流呈线性关系，通过电枢电流的控制就可以实现准确的转矩控制。交流感应电动机的定子电流与电磁转矩之间具有复杂的非线性关系，因此它不可能像直流电动机一样通过简单的调节电枢电流来控制电磁转矩。并且直流电动机的励磁电流和电枢电流是各自分开独立控制的，而交流感应电动机只能对定子进行控制，使控制难度加大。交流感应电动机的常用控制方法分为变压变频控制、转差频率控制、矢量控制和直接转矩控制等几种，其中矢量控制技术能使交流感应电动机得到和直流电动机一样的调速特性，目前已经成为较理想的高性能交流感应电动机的控制方法。

交流电动机矢量控制理论的主要控制思想就是把异步电动机的转矩控制模拟成直流电动机的转矩控制，通过对定子电流的解耦，把定子电流分成两个正交分量：一个用来产生转子磁通的励磁分量，相当于他励式直流电动机的励磁电流；另一个用来产生电磁转矩的转矩分量，它相当于直流电动机的电枢电流，由此可以把交流感应电动机的转矩控制模拟成直流电动机的转矩控制。

根据矢量控制思想可得出交流感应电动机的矢量控制系统结构，如图 2-18 所示。

如图 2-18 所示，首先由测得的交流感应电动机定子三相电流和转子转速，通过磁通观测器（内含坐标变换）得出定子电流，再得 $M\text{-}T$ 坐标系下的分量 i_m 和 i_T，转子磁通 ψ_τ、ψ_τ 与 α 轴的夹角 θ。给定转速和反馈的电动机转速通过转速调节器后得出给定转矩 T_e^*，由 T_e^* 和 ψ_τ 计算出给定的定子 T 轴电流 i_T^*，它和反馈的 i_T 进行闭环控制。磁链发生器给出转子磁链的额定值，与反馈的 ψ_τ 闭环后得出给定的定子 M 轴电流 i 和反馈的 i_T 进行闭环控制。由电流调节器输出的 $M\text{-}T$ 轴定子给定电流，通过定子电压解耦得出 $M\text{-}T$ 轴定子给定电压 u_M^*、u_T^*。再通过旋转变换和 2/3（二相/三相）变换得出三相静止坐标系 $A\text{-}B\text{-}C$ 下定子电压的期望值 u_A^*、u_B^*、u_C^*。根据定子电压的期望值，控制逆变器向交流感应电动机进行输电。图 2-18 中的四种调节器多为 PI 控制器。

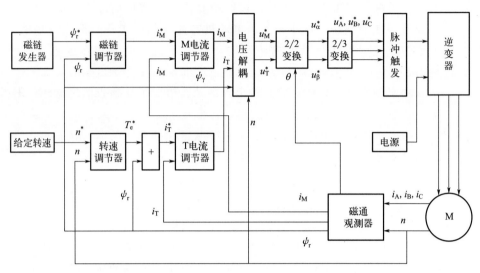

图 2-18　矢量控制系统结构

2.2.4　交流感应电动机的特点及应用

　　与直流电动机相比，交流感应电动机本身的结构简单、体积小、重量轻、寿命长，鼠笼型交流感应电动机更加可靠耐用，甚至可以免维护。交流感应电动机可以获得很高的转速，并有较高的调速范围。低速时可以获得大转矩，高速时效率高。从电动机的控制性来看，交流感应电动机的控制比较复杂，其控制性能一度比较差，但近年来随着电力电子技术和数字信号处理器技术的不断进步，以及各国学者对交流感应电动机控制技术研究的不断深入，交流感应电动机的控制性能得到大幅度的提高，已经接近直流电动机的控制性能。从成本方面来看，交流感应电动机本体的成本要比直流电动机低，但其控制器的成本较高，随着电力电子技术的进步，其控制器的成本也在逐渐降低。

2.3　永磁同步电动机及其驱动系统

　　永磁同步电动机由于其效率高、转矩响应快等特点得到广泛的应用。电动汽车用的交流永磁同步电动机根据其结构及控制方法主要分为两种，一种是通以方波电流的方波永磁同步电动机，另一种是通以正弦波电流的正弦波永磁同步电动机。两种电动机的结构基本相同，但控制方法有着很大的差别。由于方波永磁同步电动机控制方法与直流有刷电动机类似，习惯上通常把方波永磁同步电动机称为永磁无刷直流电动机，而把正弦波永磁同步电动机称为永磁同步电动机。

2.3.1 永磁无刷直流电动机及其驱动系统

永磁无刷直流电动机是从有刷直流电动机的基础上发展而来的。对于有刷直流电动机而言，由于存在电刷和换向器的机械接触结构，使其有着造价高、噪声大、换向时会产生火花、电磁干扰大、寿命短和可靠性差等问题，大大限制了其使用范围。基于上述弊端，20 世纪 60 年代研制出以电子换向代替机械换向的永磁无刷直流电动机。

（1）永磁无刷直流电动机的结构和工作原理

永磁无刷直流电动机的结构与永磁有刷直流电动机的结构类似，只不过永磁有刷直流电动机的永久磁体在定子上，电枢绕组在转子上；而永磁无刷直流电动机的电枢绕组被设在定子上，永久磁体被设置在转子上。永磁无刷直流电动机主要由电动机本体、位置传感器和电子开关电路三部分组成。电动机的定子绕组和交流电动机的定子绕组很相似，一般制成多相，通常为三相或四相，多为星形连接且无中线引出。转子由一定极对数的永磁体镶嵌在铁芯表面或者嵌入铁芯内部构成。如图 2-19 所示为四极永磁无刷直流电动机的结构，其截面如图 2-20 所示。

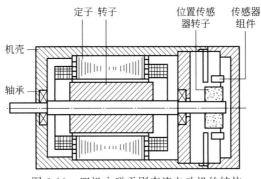

图 2-19　四极永磁无刷直流电动机的结构

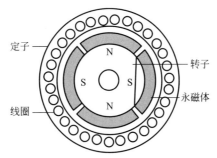

图 2-20　四极永磁无刷直流电动机截面

在有刷直流电动机中，电动机的电枢在转子上，定子的作用是产生固定不变的磁场。为了使电动机能够旋转，需要通过换向器和电刷不断改变电枢绕组中的电流方向，使励磁磁场和电枢电流产生的磁场始终保持相互垂直，从而产生恒定的转矩，驱动电动机不断旋转。如果永磁无刷直流电动机的定子的电枢通上不变的直流电，只会产生不变的磁场，而转子为极性固定的永久磁体，电动机无法进行旋转。为了能够让电动机旋转起来，必须使定子绕组的电流随着永磁体的旋转而不断换向。永磁无刷直流电动机的换向是通过位置传感器和电子换向电路来实现的。实际中，利用位置传感器实时地检测出转子磁极的位置，然后利用电子换向电路按照一定的逻辑驱动与电枢绕组相连的功率开关管，对定子绕组进行电流换向。电动机在旋转过程中，从定子看来，在任一绕组下面的永磁体极性虽然 N、S 极不断地交替更换，但绕组中的电流也随着永磁体极性的更换而更换；从转子看来，在任一转子磁极下的定子绕组虽然不断地改变，但它们中通过的电流方向始终不变。这样就一直产生同方向的电磁转矩，电动机就可以不停地进行旋转。这就是永磁无刷直流电动机的电子换向原理。

永磁无刷直流电动机的位置传感器起着检测转子磁极位置的作用，并为逻辑控制电路提供正确的换向信号。永磁无刷直流电动机应用的位置传感器有电磁式、光电式和霍尔式几种，它们都将转子的磁极位置信号转换成电信号，反馈给控制器来控制定子绕组进行电流换向。目前永磁无刷直流电动机中多使用体积小、使用方便且价格低廉的霍尔传感器。

下面以三相永磁无刷直流电动机为例，来说明其工作过程，如图 2-21 所示为三相永磁无刷直流电动机的工作原理，为了使分析简化，只选有一对磁极。电动机的定子绕组分别为 A 相、B 相、C 相，每相在空间上间隔 120°的电角度，每相上放置一个位置传感器，每相电流的通断由一个电子开关管控制。

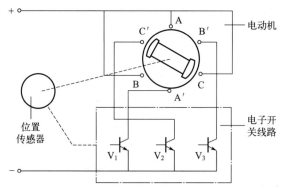

图 2-21　三相永磁无刷直流电动机的工作原理

永磁无刷直流电动机转子位置与通电绕组关系如图 2-22 所示。当转子处于如图 2-22（a）所示位置时，B 相的位置传感器发出感应信号送给电动机控制器，控制系统输出控制信号将开关管 V_1 导通，A 相绕组通电，元件边 A 电流方向为垂直纸面向里，元件边 A'电流方向为垂直纸面向外，A 相绕组产生的磁场与转子永磁体相互作用，产生电磁转矩推动转子逆时针旋转；当转子转过 120°电角度到达如图 2-22（b）所示位置时，C 相的位置传感器发出感应信号送给电动机控制器，控制系统输出控制信号将开关管 V_2 导通，B 相绕组通电，继续产生逆时针方向的电磁转矩；当转子再转过 120°电角度到达如图 2-22（c）所示位置时，A 相的位置传感器发出感应信号，开关管 V_3 导通，C 相绕组通电，依旧产生逆时钟方向的电磁转矩，推动转子旋转至如图 2-22(d) 所示位置，这样就又回到原来的状态，如此循环，电动机就可以不停地旋转。

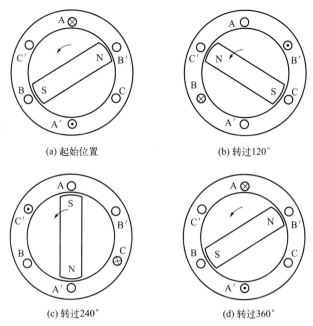

(a) 起始位置　　　　　　　　　(b) 转过120°

(c) 转过240°　　　　　　　　　(d) 转过360°

图 2-22　永磁无刷直流电动机转子位置与通电绕组关系

（2）永磁无刷直流电动机的驱动电路

永磁无刷直流电动机的驱动电路可分为半桥式和全桥式两种（如图 2-23 所示驱动方式为半桥式驱动），每种方式又分为星形连接和三角形连接两种。在现代工业中，星形连接的全桥式驱动电路得到广泛的应用，其电路如图 2-23 所示。

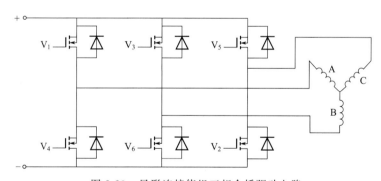

图 2-23　星形连接绕组三相全桥驱动电路

$V_1 \sim V_6$ 为六个可控开关管，分为 V_1V_4、V_3V_6、V_5V_2 三组，V_1、V_3、V_5 称为上桥臂管，V_2、V_4、V_6 称为下桥臂管，每个开关管反向并联一个续流二极管。它有多种逻辑导通方式，下面以最常用的二二导通方式为例，来说明换向过程。二二导通方式就是每次使两个开关管同时导通，如图 2-23 所示，在每个 360°电角度周期内，开关管导通顺序为 V_1V_2、V_2V_3、V_3V_4、V_4V_5、V_5V_6、V_6V_1，一共有六种导通状态，每种导通状态持续 60°电角度，每个开关管持续导通120°电角度，每更换一种状态便更换一个导通的开关管。以 A 相绕组元件边 A 位置为 0°角度，逆时针为正，当转子 N 极处于如图 2-22 所转子磁极 0°~60°位置时（A-C'间），令 V_1V_2 导通，电流流向为电源正极→V_1→A 相绕组→C 相绕组→V_2→电源负极，A 相绕组流过正方向电流，C 相绕组流过反方向电流。参照图 2-22，绕组 A、C'电流为垂直纸面向里，绕组 A'、C 电流为垂直纸面向外，合成磁场方向为 B'-B，可判断合成转矩为逆时针方向，转子将逆时针方向旋转。当转子转到 60°~120°位置时（转子 N 极正对 C），这时将开关管 V_2V_3 导通，电流流向为电源正极→V_3→B 相绕组→C 相绕组→V_2→电源负极，B 相绕组流过正方向电流，C 相绕组流过反方向电流，合成磁场方向为 A'-A，合成转矩仍为逆时针方向。其他状态依此类推，电动机将一直进行旋转。

永磁无刷直流电动机实现反转的原理与有刷直流电动机原理一样，只要改变电枢电流的方向就可以改变电磁转矩的方向。借助逻辑判断来改变开关管的导通顺序，就可以实现电动机的反转。如图 2-22 所示的电动机绕组与如图 2-23 所示的驱动电路，在每个 360°电角度周期内（顺时针为正），反转时开关管导通顺序为 V_3V_4、V_2V_3、V_1V_2、V_1V_6、V_5V_6、V_4V_5。

(3) 永磁无刷直流电动机的 PWM 控制

虽然永磁无刷直流电动机的工作原理与有刷直流电动机不同，但其机械特性曲线和有刷直流电动机非常相似，也可以采用 PWM 控制方法对其进行调压控制。当三相全桥驱动星形连接的永磁无刷直流电动机采用二二导通方式时，每个时刻有两个开关管导通，并且一个在上桥臂，一个在下桥臂，其控制方式分为以下 5 种。

① PWM_ON 方式：每个开关管导通的 120°电角度区间内，前 60°进行 PWM 控制，后 60°保持常开。

② ON_PWM 方式：每个开关管导通的 120°电角度区间内，前 60°保持常开，后 60°进行 PWM 控制。

③ H_PWM-LON 方式：任一导通区间内，上桥开关管始终进行 PWM 控制，下桥开关管保持常开。

④ L_PWM-HN 方式：任一导通区间内，下桥开关管始终进行 PWM 控制，上桥开关管保持常开。

⑤ H_PWM-LPWM 方式：任一导通区间内，上桥开关管和下桥开关管始终进行 PWM 控制。

对永磁无刷直流电动机的 PWM 控制方式，总体来看比较一致的观点认为，从换向的开关损耗、散热方面和换向过程中的转矩脉动方面来看，PWM_ON 方式要优于其他的方式。

永磁无刷直流电动机也可以使用电流闭环的方式对其实现转矩控制，还可以进一步对转速闭环实现转速控制，其控制的原理与有刷直流电动机相同。

(4) 永磁无刷直流电动机的特点及应用

永磁无刷直流电动机不仅继承了直流电动机调速性能好的优点，还具有交流电动机结构简单、运行可靠、维护方便的优点。此外，永磁无刷直流电动机由于采取了永磁体的励磁方式，没有励磁的功率损耗，因此具有很高的效率。

永磁无刷直流电动机的永磁体具有非常高的磁通密度，在相同的条件下，永磁无刷直流电动机体积小并且重量轻。

由于永磁直流无刷电动机在运行过程中，定子通电产生的磁场为在空间上跳跃式旋转的磁场，因此，永磁无刷直流电动机在运行中存在着较大的转矩脉动，影响电动机的控制性能。很长时间以来，国内外的研究人员对永磁无刷直流电动机的转矩脉动问题做了大量的研究，提出了一些削弱和补偿的方法，但是还不能从根本上消除转矩的脉动问题及由转矩脉动带来的噪声问题。

取决于转子磁轭与永磁体之间安装的机械强度，表面贴装式的永磁无刷直流电动机的转速受到影响，不能进行高速运行。永磁直流无刷电动机受其结构及控制方式的影响，很难进行弱磁升速控制。

2.3.2　永磁同步电动机及其驱动系统

永磁同步电动机（Permanent Magnet Synchronous Motor，PMSM）由于其效率高、控制精度高、转矩密度大等特点被广泛地应用于电动汽车的驱动系统。

（1）永磁同步电动机的结构和工作原理

永磁同步电动机也由定子和转子两大部分组成。定子由铁芯、电枢绕组机座、端盖等几部分组成，铁芯由硅钢片叠制而成，电枢绕组也为三相对称绕组，其结构与交流感应电动机定子结构基本相同。转子为永久磁体，多采用稀土材料制作而成。其工作原理如图 2-24 所示，电动机的定子三相对称绕组通上三相对称的交流电之后，会流过三相对称的电流，它将会产生一个圆形的旋转磁场（用一个旋转的永磁体代替），这个旋转磁场与转子永磁体的磁场相互作用，将会拖动转子进行旋转。与交流感应电动机不同，旋转磁场的转速与电动机转子的转速定是相同的，不可能有转速差。因为如果存在转速差，旋转磁场和转子磁极的位置就会不断发生改变，一段时间内，旋转磁场和转子磁场 N、S 极相对旋转磁场拖动电动机旋转，过一段时间，旋转磁场和转子磁场 N、N 极相对，旋转磁场阻碍电动机旋转，这样交替运行，电动机所受平均力矩为零，电动机不能运转。因此，永磁同步电动机工作时转子转速必须与旋转磁场转速相同，

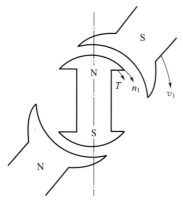

图 2-24　永磁同步电动机的工作原理

两者在空间相对位置保持不变，这样转子磁场才能有稳定的磁拉力，形成固定的电磁转矩。这也就是称为"同步电动机"的原因。

为了充分利用和发挥永磁材料的特性，通常采用具有矩形截面的条形永磁体，将其粘贴在转子铁芯表面或镶嵌在转子铁芯中。图 2-25（a）为面装式（也称为凸装式）永磁体转子结构的剖面图，图 2-25（b）为插入式永磁体转子结构的剖面图，图 2-25（c）为径向充磁的内装式永磁体转子结构的剖面图，图 2-25（d）为横向充磁的内装式永磁体转子结构的剖面图。不同结构的转子具有不同的特性，插入式和内装式永磁体转子具有凸极效应，它的漏磁系数比较大，气隙磁通相对小一些，转子结构比较坚固，允许在比较高的速度下运行；面装式永磁体转子基本没有凸极效应，漏磁系数比较小，气隙磁通相对大一些，为了提高其结构强度，可以采用非磁性材料绑扎在转子外表面，以便适应高速运行的情况。

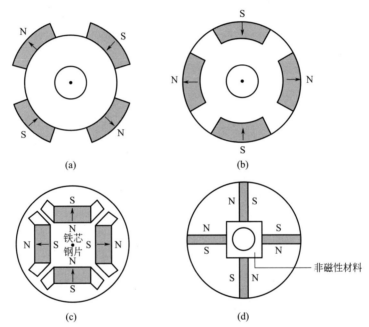

图 2-25　永磁同步电动机转子结构

（2）永磁同步电动机的矢量控制

永磁同步电动机三相对称定子绕组通上三相对称交流电之后，在定子中感应出的电动势为正弦波，因此永磁同步电动机也可以采用矢量控制算法进行控制。

具体实现永磁同步电动机的矢量控制有很多种方案，如图 2-26 所示为面装式永磁同步电动机矢量控制原理。通过光电编码器或分解器检测出电动机转子位置 θ_τ，由电流传感器检测出定子三相电流（由于电动机没有零序电流，实际检测两项即可）。通过 Clarke 变换和 Park 变换求出 i_d、i_q，以及电动机的当前实际转矩 T。电动机期望转速 ϖ_τ^* 与反馈回来的电动机实际转速 ϖ_τ 比较做差后，通过转速控制器输出电动机当前的期望转矩 T^*。T^* 与 T 比较做差后，通过转矩控制器输出电动机的期望 q 轴电流 i_q^*。令电动机 $i_d^*=0$，通过坐标逆变换得到定子的三相电流期望值 i_A、i_B、i_C。由求得的 i_A、i_B、i_C 控制电流型逆变器向电动机三相绕组通电，由此，可以实现永磁同步电动机转速和转矩的控制。

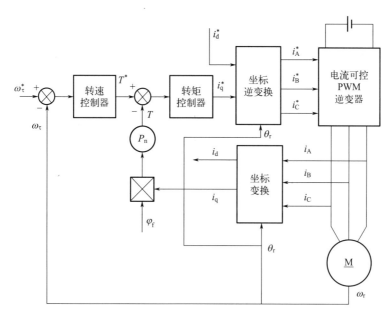

图 2-26　面装式永磁同步电动机矢量控制原理

（3）永磁同步电动机的特点及应用

永磁同步电动机的功率密度大，使得其具有体积小、重量轻的优点；与交流感应电动机相比，永磁同步电动机不需要励磁电流，可以显著地提高功率因数，减少定子铜耗，而且，永磁同步电动机在 25%～120% 额定负载范围内均可保持较高的效率和功率因数，使轻载运行时节能效果更为显著；永磁同步电动机磁通密度高、动态响应快。高永磁磁通密度、轻转子质量，带来高转矩惯量比，有效提高了永磁同步电动机的动态响应能力；与直流电动机和电励磁同步电动机相比，永磁同步电动机的可靠性高；通过矢量控制，永磁同步电动机具有精确的可控性。

永磁同步电动机也有一些缺点，由于采取永久磁体的励磁方式，失去了励磁调节的灵活性，可能会出现退磁效应；大容量永磁体制作困难，永磁同步电动机现在还只能在中小功率的汽车中使用；另外，永磁体的价格偏高，制约了它的使用范围。

2.4　开关磁阻电动机及其驱动系统

开关磁阻电动机诞生之初，一直被认为是一种性能不高的电动机，然而通过近 20 年的研究及改进，其性能已经得到了很大的提高。由于其结构简单、价格便宜，启动及低速时转矩大、电流小；高速恒功率区范围宽、性能好，在宽转速范围内都具有高输出和高效率，而且控制简单，这使其在家用电器、伺服与调速系统、牵引电动机、高转速电动机、电动汽车、航空航天等领域得到了应用。

2.4.1 开关磁阻电动机的结构和工作原理

开关磁阻电动机驱动系统由开关磁阻电动机本体、位置传感器和功率变换器以及控制器组成。定子、转子都为硅钢片叠压而成，且均为凸极结构，在定子上缠绕着集中绕组，转子上没有绕组，装有位置传感器。径向相对的两个绕组串联形成一对磁极，称为"一相"。开关磁阻电动机可以设计成多种不同的相数结构，且定、转子的极数有多种不同的搭配。其相数越多，步距角越小，利于减小转矩脉动，但结构复杂，且主开关器件多，成本高。由于三相以下的开关磁阻电动机无自启动能力，目前应用较多的是三相（6/4）结构及四相（8/6）结构，如图 2-27 所示。

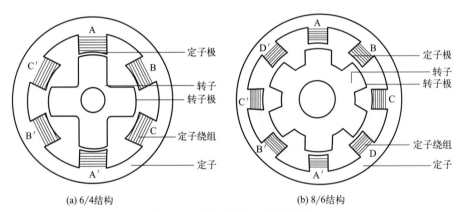

(a) 6/4结构　　　　　　　　　　　　　　　(b) 8/6结构

图 2-27　开关磁阻电动机的结构

开关磁阻电动机的结构和工作原理与传统的交、直流电动机存在着根本的区别，它不像传统电动机那样依靠定、转子绕组电流产生磁场间的相互作用形成转矩，而是遵循"磁阻最小原理"——磁通总要沿着磁阻最小的路径闭合的原理工作的。如图 2-28 所示为四相（8/6）开关磁阻电动机的工作原理，其供电电路只画出了一相。

当转子在如图 2-28 所示位置时，在定子 A 相齿极轴线 A-A′与转子齿极 1 的轴线 1-1′不重合的情况下，应使功率变换器中控制 A 相绕组的开关元件 S_1 和 S_2 导通，A 相绕组通电，而 B、C 和 D 三相绕组都不通电。这时电动机内建立起以 A-A′为轴线的磁场，磁通通过气隙的磁感应线是弯曲的。此时，磁路的磁阻大于定、转子齿极轴线 A-A′与 1-1′重合时的磁阻，转子受到气隙中弯曲磁感应线的切向磁拉力所产生转矩的作用，使转子逆时针方向转动，转子齿极 1 的轴线 1-1′向定子齿极 A-A′趋近。当轴线 1-1′和轴线 A-A′重合，即 A 相定、转子齿对齐时，切线方向的磁拉力消失，转子停止转动，此时称转子达到稳定平衡

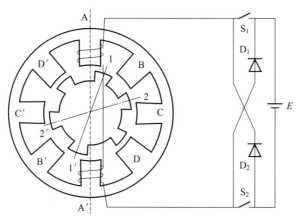

图 2-28　四相（8/6）开关磁阻电动机的工作原理

位置。这时，B 相定子齿极轴线 B-B′ 与转子齿极轴线 2-2′ 的相对位置与图 2-28
中 A 相的情况相同。此时，控制器根据位置传感器提供的位置信息，断开 A
相开关 S_1 和 S_2，并合上对应的 B 相开关，使 A 相绕组断开的同时 B 相绕组
通电。这时依然产生逆时针方向的切向磁拉力，转子仍然逆时针方向旋转。
以此类推，当定子绕组按 A-B-C-D 的顺序轮换导电一周时，转子逆时针方向
转过一个转子极距。若连续不断地按 A-B-C-D 的顺序周期性地接通各相定子
绕组，则转子将不断地进行旋转。每相开关导通时所对应的时间角度称为开
通角 θ_{on}，关断时所对应的时间角度称为关断角 θ_{off}。如果改变定子绕组的通
电顺序，即可改变电动机的转向。显然，改变通电相电流的方向并不影响转
子的旋转方向。

　　开关磁阻电动机的功率变换器连接电源和电动机绕组的开关部件。开关
磁阻电动机的功率变换器主电路的结构形式与供电电压、电动机相数及主开
关器件的种类有关。在整个控制系统成本中，功率变换器占有很大的比例，
合理选择和设计功率变换器是提高开关磁阻电动机控制系统的性能价格比的
关键之一，如图 2-29 所示为三相开关磁阻电动机的一种常用的功率变换器主
电路，图中 A、B、C 为电动机相绕组，$V_1 \sim V_6$ 为各相的可控开关管，$D_1 \sim$
D_6 为续流二极管。

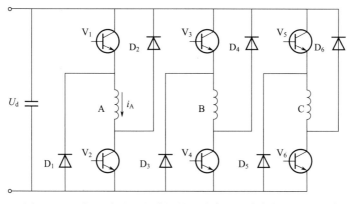

图 2-29　三相开关磁阻电动机的一种常用的功率变换器主电路

控制器通过位置传感器检测的转子位置信息，速度、电流等反馈信息，以及转速等给定信息，通过分析处理，向功率变换器发出命令，实现对电动机运行状态的控制。

2.4.2　开关磁阻电动机的控制

开关磁阻电动机的控制参数较多，如开通角 θ_{on}、关断角 θ_{off}、相平均电压、斩波占空比等，但实质都是通过调节励磁电流实现对电动机的控制。开关磁阻电动机主要有三种基本的控制方式，即角度位置控制方式、电流斩波控制方式和脉宽调制控制（PWM）方式。

角度位置控制方式就是改变开通角 θ_{on} 和关断角 θ_{off}，通过改变主开关的触发导通时间，从而调节相电流波形，达到调控电动机的电磁转矩目的。开关磁阻电动机在高速运行的时候比较适合角度位置控制方式，此时转速较快，电动机反电动势较大，电流不易上升，调节开通角 θ_{on} 和关断角 θ_{off} 即可调节电流，从而实现调节开关磁阻电动机的转矩。角度位置控制方式有较大的灵活性，是目前应用最多的一种控制方式。但其主要问题在于低速区不能工作，必须配合其他方法。

电动机在低速工作特别是启动时，反电动势小，相电流上升快，多采用电流斩波控制，以期限制电流峰值，取得恒转矩机械特性。通过反馈的电动机电流，采取对电流的 bang-bang 控制：低于电流设定下限时，将开关管导通，高于电流设定上限时，将开关管关闭，则可以实现电流的波形平整控制，但缺点是开关管的开关频率不受控制器的直接控制。为增强主开关管的可控性，可以采用给定电流上限 I_{max} 与恒定关断时间间隔 ΔT 来进行控制。即在导通区间 $[\theta_{on}, \theta_{off}]$ 内，当相电流上升至 I_{max} 时，检测电路发出信号，控制器接到过流信号就立刻关断功率主开关管，电流迅速下降，经 ΔT 时间间隔后开通功率主开关管，实现相绕组的限流控制。因为恒定关断时间 ΔT 是设定的，所以功率主开关管的开关频率受到控制器的直接控制，有利于功率器件的安全、可靠工作。当转速较快时，相电流周期很短，运动电势比较大，阻止了相电流的快速上升，导致其峰值不会很大，每相电流形成单脉冲状态。此时，电流斩波控制起不到调节作用。

脉宽调制控制方式（PWM），是对变换器主开关采用固定的 θ_{on} 和 θ_{off} 通断角触发，并用 PWM 信号复合调制功率主开关相控信号，通过调整占空比，调节加在相绕组上的相电压。绕组电流也随电压的调节做相应变化，从而实现转速和转矩的调节。PWM 方式既能用于低速运行，也可用于高速运行，适合转速调节系统，并且抗负载扰动的动态响应快。缺点是低速运行时转矩脉动较大。功率开关元件的工作频率较高，引起开关损耗较大。

2.4.3　开关磁阻电动机的特点及应用

开关磁阻电动机具有如下优点。

① 电动机转子上无任何绕组，可高速旋转而不致变形；定子上只有集中绕组，端部较短，没有相间跨接线，因而具有结构简单、制造工序少、成本低、工作可靠、维修量小等优点，能适用于各种恶劣、高温甚至强振动环境。

② 转子损耗主要产生在定子上，电动机易于冷却，转子无永磁体，可允许有较高的温升。

③ 转矩方向与电流方向无关，从而可最大限度简化功率变换器，降低系统成本。

④ 功率变换器不会出现直通故障，可靠性高。

⑤ 启动转矩大，无感应电动机在启动时所出现的冲击电流现象。

⑥ 调速范围宽，控制灵活，易于实现各种特殊要求的转矩-速度特性。

⑦ 在宽广的转速和功率范围内都具有高效率。

⑧ 可以进行四象限运行，具有较强的再生制动能力。

但是，开关磁阻电动机也有如下不足。

① 转矩波动大。

② 噪声与振动大。

直流电动机、交流感应电动机、永磁无刷直流电动机、永磁同步电动机、开关磁阻电动机在电动汽车的驱动系统里都得到了实际的应用。直流电动机在早期的电动汽车中应用较多，现在，交流感应电动机和永磁同步电动机成为主流。但是总体来说，电动汽车用电动机要比一般工业生产所使用的电动机要求严格，上述任何一种电动机都没有满足理想电动汽车驱动电动机的要求。

表 2-1 列出了现在使用的各种电动汽车用驱动电动机性能的比较。

表 2-1　现在使用的各种电动汽车用驱动电动机性能比较

性能	直流电动机	交流感应电动机	永磁无刷直流电动机	永磁同步电动机	开关磁阻电动机
效率	一般	较高	高	高	较高
功率密度	一般	较高	高	高	较高
最高转速	一般	高	较高	较高	高
可控制性	好	较好	好	好	一般
可靠性	一般	好	较好	较好	好
耐用性	一般	好	好	好	好
体积/重量	一般	较好	好	好	好
低速时平滑性	好	较好	一般	较好	一般
技术成熟性	好	好	一般	较好	一般

与工业电动机一样，电动汽车用电动机也已经从直流逐渐过渡到交流，直流电动机的使用越来越少。在日本、欧洲，永磁同步电动机被广泛地应用在电动汽车中。而在美国，更多地使用交流感应电动机。大功率的永磁无刷直流电动机技术还不是很成熟。开关磁阻电动机也由于振动、噪声、转矩波动大等问题还未被大规模地使用。

第
3
章

电池管理系统

电池管理系统（battery management system，BMS）的首要作用是实时监控电池的工作状态，在充放电过程中的管理对电池寿命有非常大的影响，而对寿命的最大影响因素是电池过度放电与单体电池的差异过大，导致整个电池组提前报废。开发电池实时监控系统可以实时监测电池的电压、电流和温度，并记录下电池的充放电次数等各种影响电池工作状态的参数，比较准确地估算出电池的状态和最佳的工作参数。根据这些实时的信息，一方面可以随时让使用者了解电池的真实情况，更加合理地使用和维护汽车，延长其使用寿命；另一方面，内置的 MCU 控制程序可以主动地对不合理的使用情况进行管理和保护，既可以最大限度地满足使用者的要求，也可以主动地避免因使用不当而对电池等主要部件造成影响。

3.1　电池管理系统的基本功能

新能源汽车的动力电池管理系统按照国际主流的 V 模型开发流程（图 3-1），完成电池系统的需求分析、功能方案设计、软件代码编集成测试、整车测试，最终实现电池管理系统的开发。

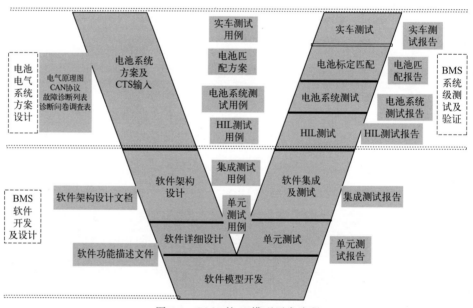

图 3-1　BMS 的 V 模型开发流程

电池管理系统的功能主要包括数据采集、状态估计、数据显示、热管理、数据通信、安全管理、能量管理和故障诊断。电池管理系统的主要功能如图 3-2 所示。

电池状态监测一般是指对电压、电流、温度三个物理量进行监测。状态监测功能是 BMS 的基本功能，也是其他各功能的前提和基础。比如，电压、电流、温度监测的准确性是荷电状态 SOC 评估的重要前提，如果监测的数据不准

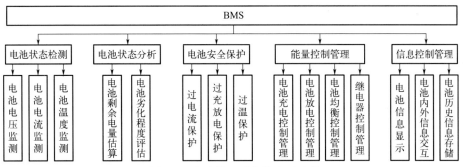

图 3-2 电池管理系统的主要功能

确，SOC 的估算也就不准确。

BMS 需要对动力电池组的总电压和各单体电池电压进行监测，电压监测的精度直接影响 BMS 的功能，因为过充过放保护功能的实现完全依靠电压来判断。此外，电压的监测精度还决定了电池的使用规划，电池的均衡、安全管理都依赖电压的监测值。

在动力电池组中，电池大多采用串联结构，工作电流相同，因此只需要对总电流进行监测。由于是对总电流进行监测，故采样值会比较大，鉴于电流对于电池组剩余电量估算以及整车安全有重大影响，电流的采样频率应尽可能提高。电流监测的精度和可靠性具有传导性，影响到其他电池参数的计算与工作状态的判断。

电池对温度极为敏感，任何动力电池都有合适的工作温度范围，只有在合适的温度中才能最好地发挥作用，所以需要监测的不仅是单体电池的温度，还有电池箱和工作环境的温度。因此，要限制电池的最高温度，也要防止电池温度降得过低而无法充放电。电池内部、不同电池间的温度分布与电池的使用维护关系也很大。温度不均匀，会迅速导致电池单体之间出现一致性变差的情况。

3.1.1 电池状态分析

电池状态分析主要指的是电池的荷电状态（SOC）评估和电池的健康状态（SOH）评估。在车辆运行过程中，车辆的动力控制需要用到的物理量包括电池当前的 SOC、电池当前的 SOH、最大可充放电功率等。因此 BMS 最核心的功能就是 SOC 的评估，并为车辆进行相应的控制提供依据，以及为驾驶员合理安排驾驶提供参考。

（1）SOC 评估

SOC 是整车系统评估电池系统电量的唯一依据。因为其他控制均以 SOC 为基础，所以它的精度和鲁棒性极其重要。如果没有精确的 SOC，电池会经常处于被保护的状态，加再多的保护功能也无法使 BMS 正常工作，更无法延长电池的寿命。

（2）SOH 评估

SOH 能够依据电池当前状态和电池信息，通过记录和计算电池充满及放电结束过程的电量数据，在满足设定条件情况下估算出电池的实际容量。对于 SOH 的要求，既要精度高，也要有鲁棒性，没有鲁棒性的 SOH 是没有意义的。通常要求 SOH 的估算误差不超过 5%。

3.1.2 电池安全保护

电池安全保护是汽车电动底盘管理最首要、最重要的功能，是针对电池包的各项性能进行诊断，防止各项指标超出阈值，对电池包进行实时在线防护。电池安全保护功能的实现依赖于电池状态检测和电池状态分析两大功能，其常见内容为过流保护、过充过放保护、过温保护和过压保护。

（1）过流保护

过流保护指的是在充放电过程中，如果工作电流超过了安全值，则应该采取相应的安全保护措施。大多数的磷酸铁锂动力电池都支持短时间的过载放电，能在汽车起步、提速过程中提供较大的电流以满足动力性能的要求。

（2）过充过放保护

过充过放保护是指在充电过程中检测到电池的单体电压已经达到最大上限电压限值时，切断充电回路对其进行保护；而在放电过程中，当单体电池的电压已经下降到最低下限限值时，为防止继续放电对电池造成损坏，采取切断放电回路的方式进行保护。所有电池在充放电的过程中，对接受和释放电荷的能力是有一定限度的，电池本身并不能阻止电荷的流进和流出。对于电池，必须考虑充放电时的安全性，以防止特性劣化。

（3）过温保护

过温保护是指将电池的工作温度控制在一个合理的范围内，并尽可能减小各电池之间的温差，当温度超过一定限制值时，对动力电池采取保护性措施，将电池的工作温度控制在 45℃ 以下。过温保护需要考虑环境温度、电池组的温度以及每个单体电池本身的温度。且温度的变化需要一个过程，因此过温保护必须在温度变化前进行考虑，也就是要有一定的"提前量"。例如，某个单体电池的温度突然快速上升，虽然没有达到安全限值，但仍应采取一定的保护措施，例如通过仪表发出报警提醒驾驶员。

（4）过压保护

电池组中某个单体电压超过了规定允许使用的电压，按照保护要求，电池只允许放电，而充电继电器被断开。过压保护和过充电不是一个概念，过压保护有效的话，电池不会发生过充现象。BMS 在允许电压之下设置一些预警电压，电压达到这个预警值，BMS 就会发出请求，降低充电电流。

电池安全保护的功能在应用过程中需要加上保护电路。过保护是电池安全保护的基本功能，但是除了这些功能外，保护电路在异常情况下不工作，一旦工作，会消耗电池的能量，所以在工作时要求低消耗电流；电池过充电检测电压是由电池的额定电压决定的，若在 100% 充电前检测精度不达标，则会降低电池的容量，因此要求保护电路的检测精度要高；保护电路的供电电压为电池电压，当电池过放电后，电压下降，为了对电池进行保护，保护电路在低电压下也能正常工作。

3.1.3 能量控制管理

能量控制管理属于优化电池应用的范畴，不属于电池管理系统的必备功能。但随着对电池应用的要求越来越高，BMS 也配备了能量管理控制功能。能量控制管理包括电池充电控制管理、电池放电控制管理、电池均衡控制管理和继电器控制管理。

（1）电池充电控制管理

电池充电控制管理是指在动力电池的充电过程中，BMS 采用优化的充电策略对动力电池的充电电压、充电电流进行控制，达到提高充电效率、饱满充电程度的目的。

（2）电池放电控制管理

电池放电控制管理是指在动力电池的放电过程中，BMS 检测动力电池的实时状态来调节放电电流的大小。当电池电量处于较低的阈值时，适当地减小放电电流，能延长电池的使用寿命。

（3）电池均衡控制管理

电池均衡控制管理是指当电池组存在单体电池不一致性时，BMS 采取相应措施来减小电池组的不一致性，达到优化整体放电性能的效果。

（4）继电器控制管理

继电器控制管理主要包括在行车模式、慢充模式和快充模式三个工况下，对主正、主负、预充等继电器的工作情况和工作时序进行控制。

3.1.4 信息控制管理

当电动汽车处于行驶或充电过程中，电池组各单体电池的实时参数都在发生着变化，同时 BMS 根据采集参数也会产生大量数据，这些数据根据需求由BMS 将其传输或者保存起来。电池信息管理功能包括电池信息显示、系统内外信息交互和电池历史信息存储。

电池信息显示是指通过仪表盘或者显示屏将 BMS 采集的电池实时参数显示出来，一般显示内容有：电池组总电压、总电流、最高单体电压、最低单体电压和电池组剩余电量（相当于传统汽车的剩余油量）。当电池组出现安全问题或者潜在安全隐患时，还应输出报警信号。

系统内外信息交互是指 BMS 自身内部的信息交流以及与其他控制器之间的交流。由于电池组中是由大量单体动力电池串并联而成的，因此采集大量的电池参数需要合适的 BMS 拓扑结构，采集功能与处理功能由不同的 BMS 结构负责，这些结构间的通信就是系统内部信息交互。除了处理内部信息之外，BMS

还要将相应数据与其他部件进行通信，如整车控制器、电机控制器等，同时接收其他控制器发出的指令。通信方式常见的有 CAN 通信。

电池历史信息存储是对采集数据和运算数据的保存，从时效上分为临时存储和永久存储。电池历史信息存储能够给予 BMS 数据缓冲时间，有助于对动力电池状态进行估算，提高分析精度，同时存储的信息能用于排除故障和性能优化。

3.2　电池管理系统的结构

3.2.1　BMS 硬件

BMS 的硬件包括电池控制单元（BCU，主板）和电池测量单元（BMU，从板）、高压盒（HVU），以及采集电压、电流、温度等数据的电子器件，见图 3-3。一般通过采用内部 CAN 总线技术实现各模块之间的数据信息通信。

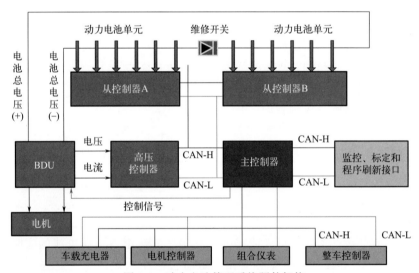

图 3-3　动力电池管理系统硬件架构

从 BMS 的拓扑架构来看，一般来说 BMU 与单元电池之间有一对一和一对多两种关系：一对一的关系是指每个单元电池配置一块单独的 BMU，对电池的电压、电流、温度等进行检测；一对多的关系是指一个 BMU 对应多个单元电池，也就是说一个 BMU 监测多个动力电池。随着电池技术的发展，动力电池由早期的铅酸电池发展为现在的锂离子电池，所以电池单体的数量大量增加，从成本和电路复杂程度多个方面考虑，BMU 与单元电池之间都采用一对多的方式。

BCU 与 BMU 之间的拓扑关系一般分为集中式和分布式两类。

（1）集中式 BMS 拓扑结构

集中式 BMS 是将所有电池信息测量集中在一个控制单元和高压盒（HVU）上。主要是将 BCU 和 BMU 的功能集成在一起，从外观看就是一个盒子。集中式拓扑结构如图 3-4 所示，即将单体电池电压采集、电池温度和充电枪插头温度采集、母线电流采集、绝缘检测、总电压检测、充放电控制和通信功能集成化，将高低压进行分离、检测与通信分开处理，以提高产品的抗干扰能力，并缩小产品体积等。

图 3-4　集中式拓扑结构

BCU 与电池无总线通信，直接通过导线连接。其优点是设计与构造简单、成本低；缺点是连线长、连线多、可靠性不高、管理电池数量不能太多，需要和单体电池一一对应，接错会有电池短路起火的风险，所以通常用于容量低、总电压低、电池系统体积小的场景中。

（2）分布式 BMS 拓扑结构

分布式 BMS 拓扑结构，即每 1 系统包括 1 个主控单元（BCU）和多个从控单元（BMU）。各个单元之间通过高速 CAN 总线进行互联，完成实时数据的传输与控制，如图 3-5 所示。

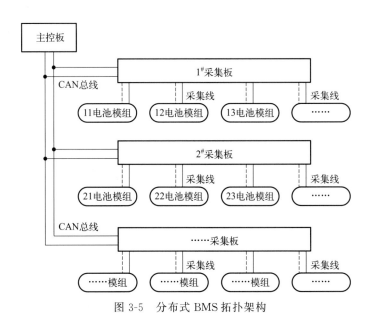

图 3-5　分布式 BMS 拓扑架构

① BMU 模块：负责单体电池电压和温度的监测、对电池实施具体的均衡控制，并将采集的电池数据和 BMU 的实时工作状态通过 CAN 总线发送给 BCU 或其他监控设备。

② BCU 模块：负责动力电池的工作电流检测、充放电安时累计、电池总电压检测、预充电回路总电压检测、电池箱绝缘状态检测，并将采集的电池数据和高压单元的实时工作状态通过 CAN 总线发送给其他监控设备。

③ 控制模块：BCU 通过内网 CAN 总线收集 BMU 的数据，并在线分析动力电池系统的工作状态，根据数据分析结果进行动力电池故障报警、动力电池最大允许充放电功率预测、动力电池 SOC 估算、动力电池热场管理、充电管理。BCU 对外提供两路高速 CAN 总线，一路高速 CAN 总线与整车控制器或/与电机控制器进行数据通信，根据整车的需求完成整车高压系统上下电流程管理，同时将动力电池的状态信息提供给整车控制器以优化整车驾驶性能；另外一路高速 CAN 总线与充电机或充电桩进行数据通信，完成充电管理。

分布式 BMS 大大简化了设计难度，实现了模块化设计，具有很强的适用性，有利于软件的改进，提高了开发效率、可靠性、可以执行和易维护性。缺点是 BMU 数量较多，安装烦琐，成本高，在布局上需要考虑模块、组件的分布较为复杂。集成式 BMS 可以应用于电池串联数量较少的场地车、低速乘用车等；分布式 BMS 则适用于电池数量多的乘用车、物流车和客车等。

3.2.2 BMS 软件

BMS 软件包括应用层软件和底层软件（图 3-6），其中应用层软件（用户界面）用于在线监测电池组状态信息，监测电池的电压、电流、SOC 值、绝缘电阻值、温度值，通过与 VCU、充电机的通信，来控制动力电池系统的充放电。汽车开放系统架构建立了一个开放的控制器标准底层软件架构，其中为了减少对硬件设备的依赖性，将控制器划分为诸多通用功能区块，主要包括周边装置驱动、控制器抽象层（用于对应微处理器抽象层）、操作系统、服务及通信 5 个功能区块，能够对不同的硬件实现配置，并对应用层软件影响较小。

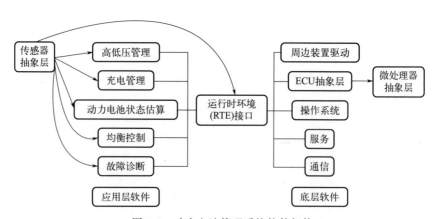

图 3-6　动力电池管理系统软件架构

3.3 电池 SOC 的估算

SOC 称为电池的荷电状态，一般用比例（%）表示。电池的荷电状态反映了在一定的放电倍率下，当前电池的剩余容量与电池总容量的比值。

SOC 的计算公式为

$$SOC = \frac{\text{剩余的电量}}{\text{电池的容量}} \times 100\% \tag{3-1}$$

剩余电量是指当前时刻，电池所能放出的电荷的多少。广义地说，剩余电量是所有可能发生的化学反应释放出来的电荷，即不受温度和放电倍率的影响所能放出的最大电荷值。狭义地说，剩余电量是指在限定的温度条件和放电倍率下，电池所能放出的电荷量。电池的容量为实际容量，而非标称容量。

3.3.1 SOC 的影响因素

从电池的使用情况以及已有的 SOC 估算结果来看，对新电池的估算往往较为准确，但是随着电池的使用，估算的准确度也会随之下降。所以 SOC 的计算公式中电池的容量不是一个恒久不变的值，而是会受到放电倍率、环境温度等因素的影响而发生变化。所以综合考虑电池老化后的容量衰减、库仑效率、温度对电池放电倍率的影响等多方面动态的因素，SOC 的估算将会更加切合实际。锂电池 SOC 估算影响因素如表 3-1 所示。

表 3-1　锂电池 SOC 估算影响因素

影响因素	影响原因
温度	温度越高，电解液的活性越强，进而锂离子扩散能力增强，受到的阻力减弱，内部化学反应更加激烈，故锂电池的容量随之增大
充放电倍率	充放电电流越大，锂电池内部的化学反应越剧烈，故在充电电压的相同前提下，电流越大，锂电池的容量越大
电池自放电率	电池自放电率表示在非工作状态在保存电量的能力，该值越大，锂电池的真实容量越大
充放电效率	大电流放电会使电池内部的锂离子不能完全发生化学反应，导致电池容量减小

3.3.2 SOC 的估算方法

准确估算电池的 SOC，一方面来源于电动汽车的要求，能充分发挥电池能力和提高安全性，对电池进行高效管理；另一方面，汽车电池在使用过程中表现得高度非线性，使准确估计 SOC 具有很大难度。

锂电池 SOC 影响因素众多且影响作用复杂，国内外研究人员针对锂电池 SOC 估计问题提出了一系列方法，各种锂电池 SOC 估计方法归纳分类如下。

（1）基于实验测试的方法

基于实验测试的方法有很多，比如放电法、开路电压法、电导法、交流阻抗法、安时积分法等，研究人员从实验室标准条件下测试建立电池外部特性参数与其 SOC 之间的映射关系，再通过查表或者简单计算的方式，形成对锂电池 SOC 的初步估算。

① 放电法。放电法是一种在实验室环境下可靠的锂电池 SOC 估计测试方法，将锂电池以恒定电流持续放电至截止条件，将放电时间和放电电流相乘，便可得到放出的电量，进而可以计算出电池 SOC 值。但它有两个显著缺点：一是需要大量时间；二是电池正在进行的工作要被迫中断。因此，放电法不适合用于行驶中的电动车辆，但可用于电动车辆电池的检修。

② 开路电压法。开路电压法是指当电池既不处于充电状态，也不处于放电状态，即工作电流为零的情况下，通过测量动力电池的开路电压来估算电池的 SOC。

开路电压法使用的前提是在 0～100％之间任意一个 SOC 值存在唯一的一个电动势与之对应；工作电流为零时，开路电压与电池电动势相等；不存在电池老化和温度变化的情况。显然，以上的前提条件在实际的动力电池使用过程中无法完全实现。

在电动汽车行驶过程中也需要知道 SOC 的情况，所以电池的工作电流不为零，无法使用开路电压法；另外，电动汽车在非启动状态，因为此时汽车的弱电系统仍在工作，通信网络处于工作状态等，电池的工作电流也不为零，所以此时使用开路电压法估算 SOC 的准确性下降。在实际使用中，可设定一个电流的限值，当电流小于限值时则认为可通过开路电压法评估 SOC。开路电压法在充电初期和末期 SOC 估计效果好，一般与安时积分法联合使用。

③ 电导法。电导法类似开路电压法，通过对锂电池电导值进行跟踪测试，挖掘锂电池电导值与 SOC 之间的关系，归纳出映射规律，实现对 SOC 的估计。

④ 交流阻抗法。交流阻抗法类似于电导法，不同之处在于该方法对锂电池的阻抗进行跟踪测试。电池交流阻抗受温度影响大，是对电池处于静置后的开路状态进行测量，还是对电池在充放电过程中进行测量，存在一定争议，很少用于实车上。

⑤ 安时积分法。安时积分法是最常用的 SOC 估算方法，以电荷量是电流在时间上的积分为理论基础，在确定初始电量后对锂电池的充放电电流进行积分，再用初始电量加上或减去充放电获得或失去的电量，便可得到锂电池的实时容量，进而计算实时 SOC。该方法存在的问题是电流测量不准将造成 SOC 计算出现误差，长期积累，误差越来越大；安时积分法要考虑电池的充电效率，解决电池充放电效率要通过事前大量实验，建立电池充放电效率经验公式；在高温状态和电流波动剧烈的情况下，误差较大。安时积分法可用于所有电动车辆电池，若电流测量准确，有足够的估计起始状态的数据，则是一种简单、可靠的 SOC 估计方法。

对比上述各类方法的优缺点，如表 3-2 所示。

表 3-2　用于锂电池 SOC 估计的实验测试类技术优缺点

传统 SOC 估计方法	技术优点	技术缺点
放电法	(1)计算简单 (2)结果较为可靠,精度高	(1)放电时间长,故耗时较长 (2)无法在线检测,需要独立实验
开路电压法	(1)原理简单 (2)精度较高	(1)因为电池需静置,所以测量耗费时间长 (2)受温度影响较大 (3)无法在线检测
电导法	(1)原理简单 (2)易于实现	(1)对电导的测量精度要求较高 (2)受温度影响较大 (3)无法在线检测
交流阻抗法	(1)易于理解 (2)精度较高	(1)锂电池电阻影响因素较多 (2)测量精度易受充电波纹影响 (3)对锂电池 SOC 测量有范围限制 (4)无法在线检测
安时积分法	(1)计算较为简单 (2)可在线实时计算锂电池 SOC	(1)对初始电量测量精度要求高 (2)测量过程中的累积误差大且不具备校正误差能力

（2）基于模型驱动的方法

传统的锂电池 SOC 测试核算方法基本停留在实验室理想情况的标准测试环节，在实际锂电池 SOC 估算中难以完成实时估算功能。模型驱动法中比较典型的算法包括卡尔曼滤波及其改进型、粒子滤波算法以及 H∞鲁棒滤波理论，此类方法的特色在于通过建立的锂电池数学模型跟踪校对安时。

卡尔曼滤波法是目前认为较为先进的一种算法。毋庸置疑，使用卡尔曼滤波器，计算方法复杂度增加，系统的成本也随之增加。卡尔曼滤波法估算 SOC 适用于各种电池。它是以当前状态预估下一个状态的值，再以下一个状态的实测值来验证。这样的预估校正过程，能够消除更多的误差，但是单体的离散等依然无法解决。该方法的缺点是算法过于复杂，对系统计算能力要求较高，目前还没有进入实用化阶段。

（3）基于数据驱动的方法

数据驱动法主要包括神经网络类、支持向量机类、高斯回归模型、多项式回归模型和滑动自回归模型。

神经网络属于人工智能领域，采用分布式存储信息，具有很好的自组织、自学习能力。它的特点是采用并行处理结构，可从系统的输入、输出样本中获得系统输入、输出关系。可以采用神经网络的并行结构和学习能力估算 SOC。网络结构为多输入单输出的三层前馈网络。输入量为电流、电压、温度、充放电容量、内阻等，输出量为 SOC 值。中间层神经元数量取决于问题的复杂程度及分析精度。神经网络输入变量的选择是否合适，变量数量是否恰当，直接影响模型的准确性和计算量。神经网络法适合于各种电池，其缺点是需要大量的参考数据进行训练，估计误差受训练数据和训练方法的影响较大。

支持向量机类的锂电池 SOC 估算算法是基于统计学习理论中结构风险最小化原则提出的一种机器学习算法，主要用于对数据属性分类和数据规律回归进行分析。其原理是通过映射低维特征空间至高维空间，实现将非线性回归问题转化为线性回归问题，通过有限数据计算出最佳模型参数，完成回归模型设计。在锂电池 SOC 估算应用中，其作用与神经网络模型一样，均是用于描述电池可测变量或二次加工特征（输入）至电池 SOC（输出）。

数据驱动的锂电池 SOC 估计方法基于锂电池模型的 SOC 估计方法，具有估算快速、设计过程科学严谨等优势，但锂电池等效建模精度决定了估算准确性。而锂电池具有复杂的电化学过程，数学等效的误差难以消除，且在应用过程中物性参数具有时变性，也将带来较大的模型误差。

（4）基于混合驱动的方法

混合驱动法主要包括数据-模型的并行混合估计和数据-模型的潜逃混合估计。

数据-模型混合驱动的锂电池 SOC 估算方法基于锂电池模型的 SOC 估算方法，依赖于锂电池模型且难以反映出电池演变过程的参数变化，而基于锂电池数据驱动的 SOC 方法尽管可以不考虑锂电池模型，仅从锂电池测试数据本身挖掘出测量至 SOC 的映射关系，可以反映出锂电池演变过程规律，但电池数据数量和质量对锂电池 SOC 估算精度的影响巨大，且优质的电池数据难以保障。

正如前面所说，所有估算方法的前提是电池容量。为对比分析锂电池 SOC 估算方法，近些年世界各国建立了不同的锂电池容量测试标准。

容量测试的基本步骤为：

① 通过多次的充电-静置-放电循环流程，对锂电池进行预处理；

② 在室温下进行标准放电过程和标准充电过程，确保测试过程中锂电池和系统处于相同状态；

③ 在室温/高温/低温条件下以不同充放电倍率测试锂电池的容量，同时，我国也已经建立了相关测试标准以及锂电池 SOC 估算精度和速度要求，如表 3-3 所示。

表 3-3　锂电池可用容量测试标准

标准编号	标准名称	SOC 估算标准要求
GB/T 36558—2023	电力系统电化学储能系统通用技术条件	能量计算误差不应大于 3%，计算更新周期不应大于 3s
GB/T 38661—2020	电动汽车用电池管理系统技术条件	对于不可外接充电的混合动力电动汽车，锂电池动力电池管理系统 SOC 估算的累积误差应不大于 15%
GB/T 34131—2023	电力储能用电池管理系统	电能量计算误差应不大于 3%

从表 3-3 可以看出：

① 国内对电池容量测试技术较为重视，建立了多个相关国家级标准；

② 现有的国家标准对锂电池 SOC 的估算精度要求较高；

③ 针对不同的应用场景，国家形成了不同的锂电池可容容量测试标准。

因此，不管哪种 SOC 的估算方法，都存在缺陷。要想获得相对准确的 SOC 值，需要实时对车辆的 SOC 进行估算。SOC 估算的流程如图 3-7 所示。

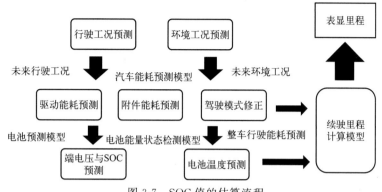

图 3-7　SOC 值的估算流程

首先，要考虑影响续驶里程的温度、路况、车速等多种因素；其次，对长时、短时或瞬时的影响进行评估采取的方法，如权重法；随着电量变化，加强近期平均行驶能耗的权重，弱化长期平均能耗的权重。最终目标是通过实际里程、估算里程的加权处理，提升计算精度，优化表显里程，降低用户里程焦虑。

通过对不同 SOC 估算方法进行深入研究，初步选定以安时积分法为基础，通过对电池电流进行准确测量，结合开路电压法，考虑电池充放电效率因子、温度、老化、自放电影响，实现对纯电动车动力电池的动态管理。通过对电池电压、电流、温度信息进行高精度测量，保证 SOC 估计输入的精确性，通过理论分析和对试验数据进行拟合，建立有效的电池模型，通过充放电末期修正 SOC，消除 SOC 累计误差，考虑电池充放电效率因子、温度、老化、自放电影响，实现系统 SOC 高精度估算。

3.4　电池 SOH 的估算

电池 SOH（state of health），即电池健康状态，包括容量、功率、内阻等性能，更多情况下则是对电池组寿命的预测，通常是指测量的容量与额定容量之比。在这种情况下，测量的容量也就反映了电池的寿命情况。电池健康状态和失效机理非常复杂，受环境温度和放电深度等多种因素影响。SOH 不仅反映了电池的当前容量，而且还有效地反映了电池使用过程中容量的衰减。

电池健康状态的估算公式为

$$\mathrm{SOH} = \frac{C_t}{C_{\text{initial}}} \times 100\% \qquad (3-2)$$

式中　C_t——电池的当前容量，A·h；

　　　C_{initial}——电池的初始容量，A·h。

新电池的 SOH 一般≥100%。随着电池的使用，SOH 值逐渐下降。

3.4.1 电池 SOH 估算的影响因素

动力电池 SOH 监测评估尤为重要，在监测数据分析中发现，动力电池健康状态主要取决于温度、电池容量衰减、充放电电流、自放电、一致性 5 个影响因素。

① 温度：在不同温度下，动力电池容量会在一定范围内有所变化。

② 电池容量衰减：电池的容量在循环期间逐渐减小，因此电量的校正条件必须不断更改。

③ 充放电电流：动力电池与额定充放电条件相比来说，一般显示出大电流充放电容量低于额定容量，小电流充放电容量大于额定容量。

④ 自放电：电池内部的化学反应会导致自放电，甚至会导致电源故障，自放电的程度主要取决于环境温度，必须根据实验数据进行校正。

⑤ 一致性：电池组的建模和容量估算与单节电池的建模和容量估算有所不同，并且电池组的一致性差异对性能估算有重要影响。根据总电池电压估算并校正电池的性能，如果电池差异很大，将导致估算精度的较大误差。

电池健康状态的精确估计具体有以下两个方面的意义。

① 能保证电池健康。正确监测动力电池健康状态指标参数，比如荷电状态值，将荷电状态控制在一定范围内（例如 20%～80%）可以防止电池过度充电或过度放电，从而确保电池的正常使用并延长电池寿命。

② 能提高整车性能。在没有针对动力电池的准确监视数据的情况下，车辆控制必须采用保守策略，确保安全使用动力电池，以防止动力电池过度充电和放电，从而使动力电池无法完全用尽潜在的动力，这会降低车辆的整体性能。

3.4.2 电池 SOH 的估算方法

电池 SOH 作为表征电池性能的重要特征参数，正在逐渐成为国内外汽车动力电池研究领域的热点问题。电池 SOH 是一种隐性状态，不能直接测量。因此，目前基本上是通过识别和估算容量及内阻等特征参数来间接评估电池 SOH。

(1) 通过研究电池内阻特性来估计电池 SOH

电池的内阻值主要与温度、电池的荷电状态以及电池的劣化程度相关。大量研究表明，如果在前两个条件不变的情况下，用恒定的电流对电池进行放电，则得到的电池内阻能反映电池的劣化程度。当电池内阻增加 25% 时，电池就开始出现安全隐患；当内阻增加到 150% 时，安全问题开始显现；当内阻达到 200% 时，电池就会失去性能。

(2) 通过研究电池的充放电行为及其循环次数来估计电池 SOH

通过总结可靠性试验车辆的行驶里程与容量衰减关系，建立车辆累计充电容量与电池循环寿命衰减模型，完成 SOH 的计算法。

（3）通过研究电池容量的衰减来估计电池 SOH

电池的容量是衡量动力电池劣化程度的指标。当电池的容量衰减到一定程度时，就视为寿命终止。容量衰减的原因有很多，可以归纳为电池的内因和外因两个方面。

① 电池外因。动力电池容量衰减的外因包括温度、充放电倍率、放电深度、荷电状态等。

温度对电池容量衰减的影响很大，高温时电极材料会加速溶解，与电解液反应加剧，使得材料发生变化，造成不可逆的容量衰减；低温时动力电池的充放电容量以及输出功率均会迅速下降。

电池的放电深度指的是电池在特定环境下的放电容量与电池额定容量之比，通常用 DOD 表示。电池循环过程中 DOD 不同，电池容量衰减的程度也不同，电池的寿命也就不相同。

充放电过程中采用的电流大小，以及充放电结束时的截止电压大小均对电池的容量衰减产生一定的影响。较高的充电截止电压和较低的放电截止电压均会使电池内部产生副反应，产生气体，从而影响电池的容量。

② 电池内因。电池容量发生衰减的根本原因是电池内部发生了一系列不可逆的变化。内部因素主要包括正极材料结构的变化，电解液的分解以及内阻的增加等。

锂电池正极材料一般为 Li、Co、Ni、Mn 等金属元素形成的氧化物。正极材料的溶解会造成正极活性物质减少，直接导致电池容量减少，寿命缩短。锂离子正常脱嵌反应引起结构不可逆转变，也是锂电池容量衰减的主要原因。

电池在充电过程中，电解液对含碳电极具有不稳定性，因此会发生还原反应。电解液还原消耗了电解质及其溶剂，对电池容量及循环寿命产生不良影响。

电解液中金属离子会不断地迁移至负极，然后在低电势条件下以金属或盐的形式沉积在负极材料表面，这些沉淀物会使电池内阻增大，从而导致可用容量降低。

实际循环使用过程中，任何能够产生或消耗锂离子或电子的副反应，都可能导致电池容量平衡的改变，这种改变是不可逆的，并且会随着电池的循环使用进行累积，这将会严重影响电池的寿命。

（4）SOH 的估算方法

SOH 在动力电池使用过程中受工作温度和放电电流大小等因素的影响，在使用过程中需要不断地评估和更新，以确保驾驶员掌握更准确的信息。目前 SOH 的估算方法主要可以分为两类：基于模型估算的方法和基于数据驱动的方法。

① 基于模型估算的方法。通过建立电池模型并获取模型参数，进而根据模型参数估计电池 SOH，常用的模型有电化学模型、等效电路模型等。基于模型估算的方法能较好反映电池的物理特性，但是构建一个较复杂的电池退化模型，一般需要大量与电池相关的专业知识。而且模型参数辨识复杂，模型参数容易受到电池工作环境影响，该方法对电池的综合性能描述较弱。

② 基于数据驱动的方法。不需要构建复杂的电池模型，可以通过测量到的

电压、电流和温度等数据来自主学习电池 SOH 与外部特性的非线性关系，具有预测精度高的优点，近年来获得快速发展。常用的数据驱动方法包括神经网络、离子滤波、支持向量机等。基于数据驱动的方法在 SOH 估算上取得了较好的结果。

神经网络是电池 SOH 估算方法中的一种非线性估算方法。人工神经网络建模是有多个相互连接的神经元单元连接而成的智能网络系统。根据上一个循环的额定容量预测下一个循环的容量。

粒子滤波法是通过对电池的循环寿命试验，获得足够的实验数据，然后利用贝叶斯算法构造系统状态的概率密度分布函数，实现电池 SOH 值的估算。

支持向量机法是一种分类算法，在解决小样本、非线性和高维模式识别问题上显示出许多独特的优势。使用 2/3 的有用数据进行训练，并测试 1/3 的有用数据。在实际工作条件下，考虑温度和 SOC 来预测电池 SOH。将容量退化和功率退化相结合，将两个特征输入一个自动回归支持向量回归模型中来估算 SOH。

SOH 估算的方法虽然很多，但是每种方法均存在不足，模型算法精度不高，数据驱动算法需要的数据太多。而且电池的应用环境受到温度、老化条件、工作条件等多种因素的影响。因此，多方法的有效融合将是一个重要的方向。

3.5 电池的热管理

3.5.1 电池热管理的定义

电池热管理系统（battery thermal management system，BTMS）是实时监测电池系统主板、从板温度，电池单体温度和电池模组温度，以及模组之间的温差和单体电池之间的温差等信息，并对温度异常做出相应警报的系统，其功能主要包括冷却、加热以及温度均衡等。

冷却和加热功能主要是针对外部环境温度对电池可能造成的影响来进行相应的调整。温度均衡则是用于减小电池组内部的温度差异，防止某一部分电池过热造成的快速衰减。通过导热介质、测控单元以及温控设备构成闭环调节系统，使动力电池工作在合适的温度范围之内，以维持其最佳的使用状态，用以保证电池系统的性能和寿命。

3.5.2 电池热管理的必要性

电池热管理的必要性取决于车辆选用的不同电池，以及不同电池的发热率、能量效率和性能对温度的敏感性。

动力电池的工作温度一般为 $-20\sim65℃$，当前市场上所有厂家均能满足要求。动力电池的充电温度一般为 $0\sim55℃$，低于 $0℃$ 时动力电池无法充电，高于 $55℃$ 亦然。主要表现在：

① 当电池温度高于 $50℃$ 时，电池的放电效率和使用寿命都会有很大的衰减；

② 当电池在 $70\sim100℃$ 温度范围内使用时，会存在很大的安全隐患；

③ 当电池温度低于 $0℃$ 时，电池的放电效率和使用寿命也会有很大的衰减；

④ 当低温环境下给电池充电时，电池内部会出现析锂、刺穿隔膜等；

⑤ 在高温环境下充电时，内部产生的化学反应也会导致温度升高，从而使电池内部存在较大安全隐患，锂电池合理的工作温度为 $25\sim40℃$。

3.5.3 电池热管理方案

电池热管理主要应用在电池组的冷却、电池组的低温预热、电池组的保温方面。

（1）电池组的冷却

① 电池组冷却的路径。

根据传热路径主要有两种：直接冷却和间接冷却。直接冷却是指冷却介质直接从电芯表面流过，带走多余热量；间接冷却是指冷却介质在管道和散热器的流道中流过，散热器与电芯接触，将电芯热量传递给冷却介质。

② 电池组冷却的方式。根据冷却介质不同，分为风冷、液冷和制冷剂冷却等方式。风冷又分为串行式通风方式和并行式通风方式。液冷又分为水循环启动冷却、强制水循环冷却和 PTC 加热循环。制冷剂冷却指的是采用专用的制冷剂作为冷却媒介，制冷效果好，温度差异更加均匀。

风冷的电池包市面上并不多见。据报道，比亚迪开发过风冷的电池包，用外部的空调吹热风或者冷风，对电池包内部进行温度控制。但是这种技术，需要对电池包内的风道进行严格的设计，电池温升的效果也是比较慢的，如果设计不好，很容易出现局部温度过高的现象。

目前液冷的电池包正在设计中，因为其具有加热效果好、散热分布均匀、安全可靠等特点，所以占据了主流的位置。在电池包内部结构上，通常会设计利于散热的水道，将热量均匀地散发到电池包内部，使电池温度均匀上升。

制冷剂冷却利用的是制冷工质的相变制冷原理，它主要由压缩机、冷凝器和节流阀等组成，如图 3-8 所示。一般来说制冷剂冷却的散热效率是液冷的 $3\sim4$ 倍，更能应对更大倍率的快充问题。制冷剂冷却的结构紧凑，可避免液冷系统的冷却液在电池箱体内部泄漏的风险。

（2）电池组的低温预热

电池组预加热技术，是电池热管理中的重要组成部分，是为了让电池在温度较低时，可以快速将温度上升到最佳工作温度的技术。低温预热包括内部加热和外部加热。

内部加热：利用电池包内部的直流电源，给电池包加热，直至达到电池包

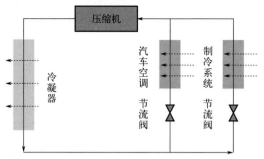

图 3-8　制冷剂冷却示意

适用的温度范围为止。加热的元件是电池自身，因此称为内部加热。利用电池自身工作放电或充电时产生的热量来提高电池的温度。这种方式加热速度慢，有时候往往车都跑完全部行程了，电池温度还没上来。除了在一些早期车型和一些低成本的车辆上，基本上已经被主流的主机厂弃用。

外部加热：利用外部电源，给电池以外的介质加热，介质将热量传递给电池，逐步提高电池温度，直至电池适宜的温度范围。外部介质包括空气介质和液体介质，加热的元件是最重要的部分。常见的加热元件有可变电阻加热元件和恒定电阻加热元件，前者通常称为 PTC（positive temperature coefficient），后者则是通常由金属加热丝组成的加热膜，譬如硅胶加热膜、挠性电加热膜等。

通常情况下，PTC 或者加热膜的方式，加热效果好，速度快。但是也会存在电池温升不均匀现象。与加热源靠得近的电芯温升会明显高于远离加热源的电芯。尤其是加热膜，紧贴在电池模组表面进行加热。所以，对电池包内的散热结构也有一定的要求。

PTC 指的是材料的电阻会随着温度的升高而增加。PTC 加热器利用了材料的特性，当加热器温度升高时，其内阻增大引起加热功率减小，自身温度下降，当加热温度下降时，其内阻减小引起加热功率增大，自身温度升高，由此将自身的温度控制在设定值，从而保障加热的安全性。

由于 PTC 具有使用安全、热转换效率高、升温迅速、无明火、自动恒温等特点而被广泛使用。其成本较低，对于目前价格较高的动力电池来说，是一个有利的因素。但是 PTC 的加热件体积较大，会占据电池系统内部较大的空间。

电加热膜一般由电阻丝、绝缘包覆层、引出导线和接插件组成。绝缘挠性电加热膜可以根据工件的任意形状弯曲，确保与工件紧密接触，保证最大的热能传递。硅胶加热膜是具有柔软性的薄型面发热体，不易被毛刺刺穿，但其需与被加热物体完全密切接触，不耐磨也不耐电解液腐蚀，其安全性要比 PTC 差些。

还有一种加热方式是电机余热的利用，然而电机效率越高，余热就越少。所以余热的利用，涉及管道泵阀的设计，不同车企的水平差异还是很大的。

（3）电池组的保温

保温措施并不是每台具备热管理功能的车辆都设置的。保温措施主要是指保温材料和隔热设计。对于保温材料来说，热导率是评判保温效果的关键因素，热导率越小，保温性能越好，相应的成本也就越高。保温设计主要从模组和箱体两个方面进行。

① 模组的保温。电芯与外界的热量交换主要通过两条路径完成。第一条路径是热量通过电芯的大面传递到模组端板，然后从模组端板传递给电池箱体，最后将热量传递给大气环境。这条路径正向为冷却，逆向为保温。而在这条路径上合适的点处增加保温层，就能够使整个路径的换热效率下降，从而起到保温的作用。第二条路径是热量通过电芯底面传递给冷却通道，然后通过冷却通道传递给电池箱体，最后将热量传递给大气环境。保温设计同第一条路径。

② 箱体的保温。从模组的保温路径可以看出，电池的热量最终都是通过箱体传递给大气。所以箱体的设计也就遵循热量传递路径的思路，在箱体上增加一层保温材料。只是在保温材料的选择上要考虑材料的热导率和反射率，然后是根据箱体的设计需要，将保温材料安装在箱体内部还是外部。

通过以上信息可以看到，新能源汽车在没有热管理或者热管理做得不好的情况下，对汽车的性能影响很大。当然，随着技术的发展，现在的电动汽车，基本上都有电池热管理系统。而电池热管理的最终目的，简单地说，就是为了让电池尽量处于最适宜它的工作温度。

3.6　电池的均衡管理

电池的均衡管理作为电池管理系统 BMS 中最重要的功能之一，可保护或避免单个电池由于容量的不统一造成的过充、过放电现象。电池的均衡由 BMS（battery measure unit）从控单元（图 3-9）完成。各个单元之间通过高速 CAN 总线进行互联，完成实时数据的传输与控制。BMU 负责单体电池的均衡控制，并将采集的电池数据和从控单元的实时工作状态通过 CAN 总线发送给 BCU 或其他监控设备。

图 3-9　BMS 从控单元

在 BMS 的能量管理功能中，电池的均衡控制管理最富有挑战性。由于生产工艺或使用材质不均匀的因素，导致各单体电池的初始容量、电池内阻、自放电率参数都存在差异。随着电池使用时间的延长，初始的差异会不断变大，而不适宜的工作温度会加剧电池进一步不一致性，从而导致"木桶效应"，即性能较差的电池会被消耗得更为迅速，加速电池的老化，降低电池的使用寿命，严重时甚至会导致电池变形、爆炸。因此减小电池的不一致性可保护电池，延长电池的使用寿命。

为了减少电池的不一致性，电池均衡控制应运而生。电池均衡控制管理是指当电池组存在单体电池不一致性时，BMS采取相应措施来减少电池组的不一致性，从而达到优化整体放电性能的效果。目前主要的均衡方法分为被动均衡和主动均衡两种方法。

3.6.1 被动均衡

被动均衡是指通过接入电阻等耗散元件的方式来消耗电池组中电量较高的电池，达到电池组中各电池电量均衡的目的。被动均衡存在耗散电流，会造成能量损失和发热，当电池组的不一致性严重时，电路热效应会进一步破坏电池组稳定性，但因结构简单，控制方便，成本低廉，目前仍是工业控制中最为常用的均衡方式。以乘用车为例，特斯拉、宝马i系和福特VOLT等为代表的国外电动汽车，与以比亚迪为代表的国内电动汽车，其动力电池组多采用被动均衡，其给定的均衡电流通常为100～200mA。

被动均衡适合小容量、低串数的锂电池组。如图3-10所示，充电过程中如果电池1先被充电至保护电压值，触发锂电池保护板的保护机制，停止电池系统的充电，则会直接导致其余电池无法充满，整个系统的满充电量受限于电池1，这就是系统损失。为了增加电池系统的电量，锂电池保护板会在充电时均衡电池。均衡启动后，锂电池保护板会对电池1进行放电，延迟其达到保护电压值的时间，这样电池的充电时间也相应延长，进而提升整个电池系统的电量。但是，电池1放电电量100%被转换成热量释放，造成了很大的浪费。

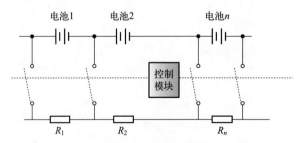

图3-10 被动均衡原理

在实际中，电池组中每个单体电池都并联一个小阻值的功率电阻。电池管理系统周期性检测每个电池的电压，由于单个电池的非一致性，允许存在较小的电压差（20mV左右）。但当两个电池体间电压差超过允许最大差值时，电压高的单个电池所对应的开关被闭合，其存储的电能将在功率电阻上以热能的形式被释放，保证了所有电池电压的一致性。

被动均衡原理及实现方式简单，造价低，但缺点也非常明显。充电时为保证所有电池都能被充满，首先到达饱和的电池其，对应开关在充电完成前始终处于闭合状态。功率电阻代替电池发热，虽然在一定程度上保护了电池，但降低了充电时的效率。同时在放电状态下，为保护单个电池不被过放电，所有电池电压都被降低，保持在与最低电压的单体电池同一水平，在功率电阻上的消耗，又增加了无用功率部分，导致车辆的行驶里程下降。

3.6.2　主动均衡

主动均衡是指利用一些储能元件和开关元件，将电池组中较高电量电池的能量转移到较低电量电池中，实现电池组各单体电池电量的均衡。主动均衡能提高能量的使用效率，增加电池组单次充电的使用时间，但主动均衡方案的控制逻辑较为复杂，成本较高，而且实际上能量转化过程中存在损耗，目前主动均衡的研究仍存在巨大挑战。根据主动均衡的结构，可将其分为基于电容的均衡结构、基于电感的均衡结构和基于变压器的均衡结构。

主动均衡适用于高串数、大容量的动力型锂电池组。为了解决被动均衡原理上的缺陷，主动均衡方式也很快被引入电池管理系统中。其优势是避免了功率电阻上的无用功消耗，而将电能在不同电池中进行转移。实现的方式可分为以下 3 种。

（1）电容交换原理

如图 3-11 所示，每个单体电池并联两个开关，两个相邻的电池共享一个电容。以图中电池 A_2 和 A_3 为例，假设 A_2 的电压高于 A_3。开关 B_2 和 B_3 双向开关向左闭合，电池 A_2 给电容 C_2 充电。C_2 充电完成后，开关 B_2 和 B_3 双向开关向右闭合，电容 C_2 将其从 A_2 中获得的能量转充到 A_3 中。该过程作为一次能

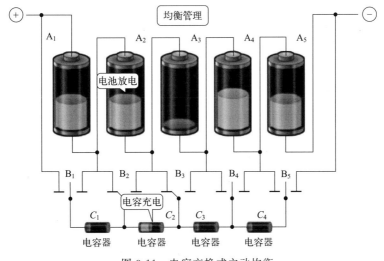

图 3-11　电容交换式主动均衡

量传递循环，此循环将一直持续，直到 A₂ 电压降低（A₃ 电压升高）到同一水平后停止。改变两组开关的闭合开启先后顺序，亦可实现 A₂ 向 A₃ 的能量传递。

这种均衡结构相对简单，易于实现，其局限性是这种均衡结构是基于相邻单体电池的电压差来进行均衡的，而非根据参考电压均衡，并且电池的均衡速率较低。

（2）电感交换原理

图 3-12 描述的是以电感为能量转移介质的主动均衡原理，相邻两个单体电池间共享一个电感，利用感性元件在高频开关电路下电流单调性的原理，作为电能中间存储单元来实现两个相邻电池间电压平衡。以图 3-12 中电池 VB_1 和 VB_2 为例，假设 VB_1 的电压高于 VB_2。芯片内部开启平衡状态，Q_1 闭合，VB_1 向电感器 L 充电，再 Q_1 断开，Q_2 闭合，电感器 L 向 VB_2 释放电能。芯片高频控制 Q_1、Q_2 的开关，直至平衡结束。由于该原理的平衡电流可以达到理论最高的 10A，所以较电容交换原理提高了能量转移的速度，提高平衡效率。但和电容交换原理一样，该方式也只能实现相邻两个电池体间的能量直接转移。当电压最大差值出现在两个非相邻电池体间时，能量将经过间隔的所有电池逐个传递，但传递过程中效率会大大降低。

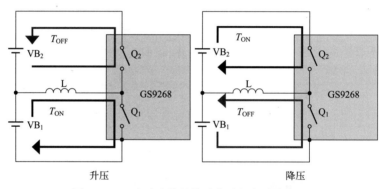

图 3-12　以电感为能量转移介质的主动均衡原理

这种结构以电流的形式来实现均衡，即使是很小的电压差也能起均衡作用，但是均衡的速度和效率会随着单体电池串联数量的增加而下降，不适用于大量单体串联的情况。

（3）变压器原理

变压器主动均衡原理如图 3-13 所示，每组电池都备有一个小型变压器，变压器包含一个主绕组边和多个副绕组边。主绕组端并联在整组电池上，每个电池体并联一个副绕组。在平衡时，电压最低的电池单体 B_n 对应绕组开关 K_n 闭合，此时整组电池为单一电池 B_n 完成充电。该方案既保护了电池组中所有单个电池，避免过放、过充，又提高了能量交换时的效率，让能量转移不只限于在相邻电池间实现。

这种均衡结构属于隔离型均衡，均衡速度较快，但随着单体电池串联数量的增加将导致变压器线圈绕组变得笨重，导致占用空间，应用成本也上升。

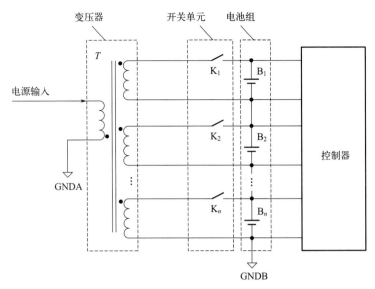

图 3-13 变压器主动均衡原理

电芯的不一致性主要包括 SOC、内阻、自放电电流和容量，其原因主要体现在两个方面。

① 电芯生产加工造成的不一致性。主要包括加工的工艺、材料等因素。

② 电芯使用环境造成的不一致性。由于每个电芯在电池包中的位置不同，所以使用环境也会不同（比如温度就会略有不同），长期累积会造成电芯的不一致。

但是均衡不能完全解决这些差异点，均衡只能弥补 SOC 的差异，顺便解决自放电不一致的问题，但对于内阻和容量，均衡是无能为力的。

3.6.3 电池单体差异对均衡的影响

均衡可消除电芯的 SOC 差异，在理想状态下，它始终保持每一个电芯的 SOC 一样，使所有电芯同步到达充放电的电压上下限值，从而增加电池组的可用容量。但是在实际状态下，SOC 差异有两种情况：一是电芯容量相同，而 SOC 不同；二是电芯的容量不同，SOC 也不同。

（1）电芯容量相同，SOC 不同

如图 3-14 所示是电芯的容量相同但 SOC 不同。其中 SOC 最小的电芯最先到达放电下限（假设 25％是 SOC 下限），SOC 最大的电芯最先到达充电上限。在均衡的作用下，所有电芯保持相同的 SOC 后才能进行充放电。

（2）电芯容量和 SOC 均不同

如图 3-15 所示，电芯的容量不同其 SOC 也不同，这样容量最小的电芯最先充满电，也最先放完电。在均衡的作用下，所有电芯保持相同的 SOC 后才能进行充放电。

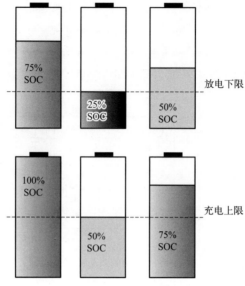

图 3-14 电芯的容量相同但 SOC 不同

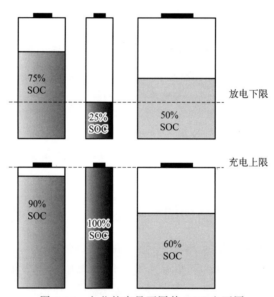

图 3-15 电芯的容量不同其 SOC 也不同

3.7 EV 车型 BMS 与整车控制系统的匹配

在整车的网络管理中，整车控制器 VCU 是信息控制的中心，负责信息的组织与传输、网络状态的监控、网络节点的管理、信息优先权的动态分配以及网络故障的诊断与处理等功能。电动汽车 VCU 通过硬线和 CAN 等方式与 BMS 单元进行信息交互，通过对接收到的信息进行处理，判断 BMS 单元和整车系统的状态，做出合理、安全的指令，从而让各个子控制单元协调、安全地工作，整车控制器 VCU 通过 CAN 通信给 BMS 发出电能需求和故障通信，BMS 通过 CAN 通信反馈动力电池电量、电池温度、电压、电流等信息，根据设计 VCU 可以通过继电器控制 BMS 的总正或总负继电器，VCU 可以通过唤醒线唤醒 BMS，如图 3-16 所示。

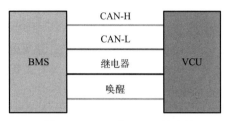

图 3-16　BMS 与 VCU 的连接

对电动汽车而言，最重要的部分就是"三电"系统，即动力电池系统、驱动电机系统、整车控制器。现在多数整车厂在电动车辆研发验证阶段，要针对"三电"系统进行验证性匹配调试研发，达到整车控制策略的架构精确性。纯电动汽车的"三电"系统调试，包括低压系统调试、上下电调试、高压系统联合调试、充电调试等。整车匹配调试内容流程如图 3-17 所示。

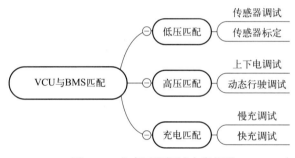

图 3-17　整车匹配调试内容流程

（1）低压系统匹配调试

低压系统匹配调试主要为各类传感器、电气设备功能调试以及传感器标定。

① 传感器匹配调试：传感器匹配调试主要分为模拟量与数字量的输入和输出。

a. 模拟量的输入主要有加速踏板传感器信号、制动踏板传感器信号、挡位传感器信号、巡航开关模拟信号、真空压力传感器信号。VCU 对各类传感器信号进行处理，转换成相应的输出信号。

b. 数字量的输入信号主要有制动开关信号、高压互锁信号、碰撞信号等，VCU 对这些信号进行判断和处理，并通过控制驱动端口来实现数字量输出，实现控制功能，如继电器开闭控制、充电灯开闭控制、电子风扇开闭控制、水泵开闭控制、电池阀开闭控制等。

② 传感器标定：由于传感器的物理特性，因此需要给予参数认定。标定范

围主要集中在传感器特性曲线的范围内。例如加速踏板，通过看初始位置与末端位置的电压值，映射线性开度。

（2）高压系统匹配调试

① 上下电匹配调试：上电匹配调试是指纯电动汽车完成上高压的过程，使高压器件具备工作的条件；下电匹配调试是指纯电动汽车完成下高压的过程，整车的高压器件停止工作。

上电过程调试主要为检测 BMS、MCU、DC/DC、A/C、PTC 的控制情况，高压器件工作模式的切换（如经济模式切换至运动模式），整车高压互锁功能是否正常，CAN 网络通信报文发送及与 VCU 交互是否正常等内容。如果在上电过程中出现上电失败，则需根据 VCU 的上电时序进行排查，常见的故障类型有高压互锁断开、预充失败、各高压器件控制器报文发送周期异常等。

下电匹配调试主要为确认 BMS 断开高压继电器、MCU 放电成功、DC/DC 等工作模式的切换、CAN 总线休眠等。

② 车辆动态行驶：完成以上的匹配调试后，整车基本具备完整的电气功能，此时可进行动态行驶调试。动态行驶调试主要指电机的调试。VCU 根据驾驶员的踩油门意图，判断并发起扭矩请求，此时 MCU 响应 VCU 的扭矩请求，进一步驱动电机工作，使车辆行驶。通过 OBD 接口可了解到车辆的实时参数信息。

（3）充电系统匹配调试

充电系统匹配调试主要是给 BMS 进行充电，保证车辆有足够的驱动能源。充电分为慢充与快充。充电的流程及时序应符合国标标准。调试时主要关注 VCU 的充电流程、BMS 的响应时序、充电机的响应时序、充电桩的响应时序等。调试时根据时序，对 VCU、BMS 软件进行观测，看其是否符合时序流程图。通过 CAN 报文等信息判断充电过程是否正常，确保充电流程及充电电流等符合相关规范、要求、安全。

BMS 与整车控制系统的匹配流程是指围绕着整车控制器 VCU 进行逻辑功能调试，调试内容有 VCU 采集电机及电池状况、加速踏板行程、制动踏板行程及挡位状况信息，根据驾驶员的驾驶意图做出响应，监控动力电池各部件执行器的动作，包括汽车的正常行驶、制动能量回馈、动力电池的能量管理、故障诊断及处理、车辆状况监控等，从而保证整车有较好的动力性、经济性及可靠性。

3.8 PHEV 车型 BMS 与整车控制系统的匹配

PHEV 车型动力总成系统包括：整车控制器、发动机及其控制系统、双电机及其控制系统、多模变速器、动力电池组及其管理系统等。PHEV 车型系统布置结构如图 3-18 所示。

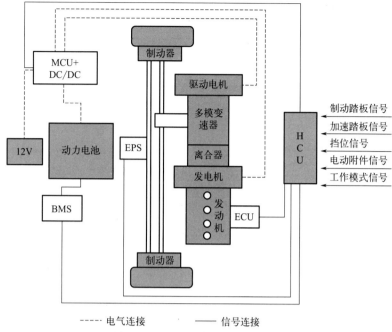

----- 电气连接 —— 信号连接

图 3-18　PHEV 车型系统布置结构

3.8.1　PHEV 关键件的功能

PHEV 车型通过新能源"三电"系统——电机、电池、电控以及其他高压电气附件等在整车上的搭载，实现整车工作模式及功能，整车功能实现分解到关键零部件的功能如下。

① 整车控制器：信号收集。协调多动力驱动和制动能量回收，保证制动优先，参与强电上、下电管理，实现整车能量管理。

② 发动机：驱动车辆。带动发电机给电池充电。

③ 驱动电机：驱动车辆、回收能量。

④ 发电机：发电、驱动车辆、回收能量。

⑤ 双电机控制器：双电机扭矩控制多模。

⑥ 变速器：多动力下机电耦合。

⑦ 动力电池：充放电。

⑧ BMS：监控电池状态，强化上、下电管理。

PHEV 车型 BMS 匹配调试过程中，最重要的是对发动机的启停、发动机与电机之间协调工作、能量管理是否合乎要求进行的。在调试整车控制过程中，就是调试整车控制功能，实现整车能量管理与动力系统的控制，指挥发动机与电机之间协调工作，实现各整车工况下能量的合理分配。

根据整车运行工况和动力总成状态不同，有以下 8 种工作模式，具体模式及功能匹配调试见表 3-4。

表 3-4　整车工作模式及功能匹配调试

工作模式	功能调试	关键工作部件	工况说明
驻车发电	发动机带动发电机给电池充电	发动机、发电机	车辆处于静止状态且发动机正在工作时
EV 驱动	电池给驱动电机供电,驱动车辆	驱动电机、电机控制器、电池	电池电量充足且车速较低时,适合市内工况
发动机驱动	发动机仅做驱动用	发动机	当电池电量不足且发动机仅仅只能满足行驶要求时
行车发电	发动机带动发电机给电池充电,只有发动机做动力源驱动车辆	发动机、发电机、电机控制器、电池	当电池电量不足且车速较高时的车辆运行状态
串联驱动	发动机只带动发电机做发电用,驱动电机驱动车辆	发动机、发电机、电机控制器、驱动电机、电池	电池电量不足,且车速较低时,适合市内工况
并联驱动	发动机、发电机与电动机一起做动力源驱动车辆	发动机、发电机、驱动电机、电机控制器、电池	车辆急加速时
高速行驶状态下的能量回收	由驱动电机和发电机共同回收能量	发电机、电机控制器、驱动电机、电池	车速较快时,制动时的能量回收
低速行驶状态下的能量回收	发电机不工作,由驱动电机回收能量	电机控制器、驱动电机、电池	车速较慢时,制动时的能量回收

3.8.2　PHEV 车型功能匹配调试检查

(1) 上下强电

① 上强电:踩下制动踏板(开度≥10%)、换挡手柄置于 P 挡或 N 挡,点火开关从 OFF/ACC/ON 挡切换到 START 挡,观察高压继电器闭合(有继电器动作声音),仪表显示"READY"。

② 下强电:点火开关从 START 挡切换到 OFF 挡,观察高压继电器断开(有继电器动作声音),仪表"READY"消失。

(2) 仪表显示

① 电池 SOC 指示:点火开关切换到 ON,观测仪表是否有 SOC 指示。

② 行车工作模式指示:点火开关切换到 ON,按动模式按钮三次,观测仪表行车模式文字指示切换显示。

③ 电机驱动强度指示:车辆纯电动工况下行驶,观测仪表电机驱动强度指示。

(3) 驱动

① 纯电动驱动:车辆起步、加速、匀速、减速平稳,符合驾驶员预期,观测仪表能量流指示,确认车辆以纯电动模式驱动。

② 混合驱动:通过模式按钮切换车辆驱动模式,观测仪表能量流指示,车

辆运行模式依次为纯电动、混合驱动。车辆在从纯电动切换到混合驱动模式的过程中，发动机启动迅速，电机与发动机切换平顺。在纯发动机驱动匀速行驶过程中，发动机运行平稳。

（4）发动机控制

① 发动机启动：通过模式按钮将车辆模式切换到 SPORT 模式，踩加速踏板至一定速度观察发动机是否启动。

② 发动机停机：混合驱动工况下，通过模式按钮将车辆切换到 EV 模式，观察发动机是否停机。

（5）能量回收

① 制动能量回收：车辆加速至一定速度时踩下制动踏板，观测仪表能量回收指针，确认是否有能量回收。

② 滑行能量回收：车辆加速至一定速度时释放加速踏板滑行，观测仪表能量回收指针，确认是否有能量回收。

（6）发电

① 驻车发电：动力电池电量低于一定值，发动机怠速状态下，观测仪表能量流指示，此时发动机是否带动发电机给动力电池充电。

② 行车发电：动力电池电量低于一定值，车辆加速至一定速度后匀速行驶；观测仪表能量流指示，此时发动机是否带动发电机给动力电池充电。

第
4
章

功率变换器

驱动电机、功率变换器和控制单元是电驱动系统的关键部件。此类系统所使用的电机通常具备电动、发电两项功能。按类型可分为直流、交流、永磁无刷等若干种电机。功率变换器按所选电机类型，可以采用直流功率变换器、交流功率变换器等，其作用是将电池的直流电转换成电机的驱动电流和电压，而电机的控制系统主要用于调节电机运行状态，满足整车运行要求。

4.1　电动汽车的电源系统架构

动力电池在电动汽车中所扮演的角色已经变得复杂多样：第一，电网获得电能，进行电能的存储；第二，动力电池也是驱动电机的能量来源；第三，动力电池的能量不仅可以驱动电机，也可以将其输出给车载低压蓄电池或其他的车外设备。

由图 4-1 可知，电动汽车电源系统需要 3 个变换模块才能实现能量不同方向的流动，分别是动力电池充电模块中负责将电网中的交流电变换为直流电给动力电池充电的变换器，主要由一个有源功率因数校正（active power factor correction，APFC）和 DC/DC 变换器组成；电机驱动模块中负责将动力电池中的直流电变换为交流电给电机进行驱动的变换器，主要由 DC/DC 变换器和逆变器组成；低压电源模块中负责将动力电池中的电能变换给低压蓄电池进行充电的变换器，主要由一个 DC/DC 变换器构成。

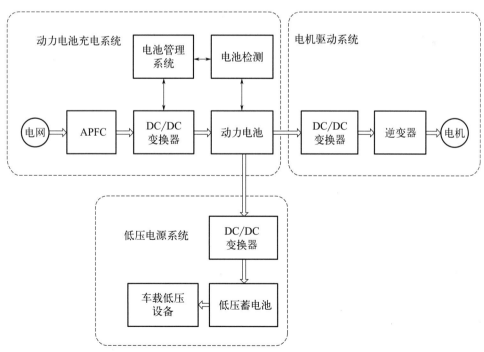

图 4-1　电动汽车电源系统结构

4.2 功率变换器的类别

混合动力汽车与电动汽车，都需要电池、超级电容等储能装置来存储和输出电能，电能从储能一侧传输到负载一侧需要功率变换器，诸如直流变换器（DC-DC converters）、整流变换器（AC-DC converters）和逆变器（DC-AC converters）等装置。

电动汽车的电子设备是极为复杂的电子系统，该系统不仅包含许多作用不同的功能模块，而且每个功能模块对电源的要求以及所需的功率等级、电压高低、电流大小、安全可靠性和电磁兼容性等指标也不尽相同。

如图 4-2 所示为电动汽车（包括混合动力汽车和燃料电池汽车）上使用的各种电能变换器的示例（示例中驱动电机假设为交流电动机）。

（1）DC/DC 功率变换器

① DC/DC 的功用。在新能源汽车的电子系统和电子设备中，系统的直流母线不可能满足性能各异、种类繁多的元器件（包括集成组件）对直流电源的电压等级和稳定性等要求，因而必须采用各种 DC/DC 功率变换模块来满足电子系统对直流电源的各种需求。其中，DC/DC（直流/直流变换器）变换模块的直流输入电源可来自系统中的电池，也可来自直流总线，这些电源的电压通常为48V、24V、5V 或者其他数值。由于电压的稳定性能差，且会有较高的噪声分量，要使电子设备正常工作，必须使用一个 DC/DC 功率变换模块，将宽范围变化的直流电压变换成一种稳定性能良好的直流电压。

新能源汽车的 DC/DC 变换器的主要功能是给车灯、电气控制设备（Electric Control Unit，ECU）、小型电器等车辆附属设备供给电力和向附属设备电源充电，其作用与传统内燃机汽车的交流发电机相似。传统汽车依靠发动机带动交流发电机发电供给附属电气设备和其他设备的电源，由于新能源（纯电动）汽车和燃料电池汽车无发动机，带有"自动停止怠速"设备，致使这类汽车无法使用交流发电机提供电源，必须靠主电池向附属用电设备及电源供电，因此DC/DC 就成为必备设备。

② 双向 DC/DC 变换器。目前，大多数 DC/DC 变换器只是单向工作，即通过变换器的能量流动方向只能是单向的。然而，对于需要能量双向流动的采用超级电容等新能源汽车，如果仍然使用单向 DC/DC 变换器，则需要将两个单向DC/DC 变换器反方向并联使用，这样虽然可以达到能量双向流动的目的，但总体电路会变得非常复杂，而采用双向 DC/DC 变换器就可以直接完成这种能量的变换。

所谓双向 DC/DC 变换器，是指在保持变换器两端直流电压极性不变的情况下，能根据实际需要完成能量双向传输的直流变换器。这种变换器不仅可以非常方便地实现能量的双向传输，而且使用的电力电子器件数目少，具有效率高、体积小和成本低等优势。

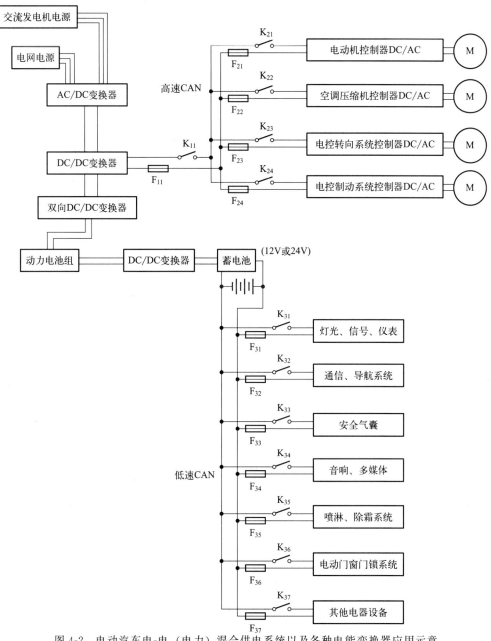

图 4-2 电动汽车电-电（电力）混合供电系统以及各种电能变换器应用示意

F$_{11}$、K$_{11}$—电源总熔断器和总开关；F$_{21}$~F$_{24}$—各个动力电源熔断器；

K$_{21}$~K$_{24}$—各个动力电源开关；F$_{31}$~F$_{37}$—各个行车电源熔断器；

K$_{31}$~K$_{37}$—各个行车管理电源开关

（2）DC/AC 功率变换器

DC/AC 功率变换器（直流-交流变换器）亦称 DC/AC 逆变器，是一种应用功率半导体器件将直流电能转换成恒压恒频交流电能的静止装置，主要供交流负荷用电或交流电网并网发电。一般可分为有源逆变与无源逆变两种，其中有源逆变是指把直流逆变成与交流电源同频率的交流电馈送到电网中区的逆变器；在逆变状态下，变换电路的交流侧如果不与交流电网连接而直接与负荷连接，将直流电逆变成某一频率或可调频率的交流电直接供给负荷，则称为无源逆变。

电动汽车中使用的DC/AC多为无源逆变器，其功用主要是将蓄电池或燃料电池输出的直流电变换为交流电提供给交流驱动电机等使用。

(3) AC/DC 功率变换器

电动汽车中 AC/DC 变换器（交流/直流变换器）的功能主要是将交流发电机发出的交流电转换成直流电提供给用电器或储能设备储存。其功率流向可以是双向的，由电源流向负载的称为"整流"，由负载返回电源流的称为"有源逆变"。

4.3 功率变换器在电动汽车上的应用

(1) 混合动力汽车

丰田普锐斯在整车驱动部分采用了如图 4-3 所示的电驱动系统结构，驱动电机为永磁同步电机；动力电池电压 201.6V，经过直流变换器升压至 $500\sim650$V，再通过逆变器驱动电机。系统工作在驱动模式时，电池通过变换器向电机提供能量；回馈制动时，电能通过直流变换器回馈到电池。

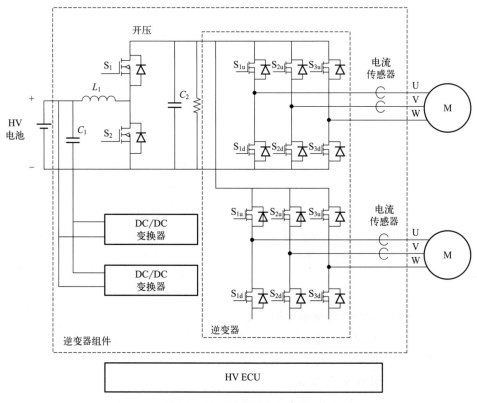

图 4-3　丰田普锐斯电驱动系统

(2) 串联混合动力汽车

超级电容、电池以及电机通过一个三输入直流变换器与直流母线相连。该多输入系统由三个独立的直流变换器并联而成。采用滤波法、平均法和最大斜率法对各部分进行功率分配，三者匹配之后的功率输出，则同样通过直流变换器驱动牵引电机，如图 4-4 所示。

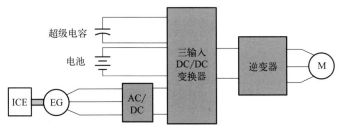

图 4-4　具备功率分配的多输入电驱系统

(3) 超级电容和电池的混合储能

PHEV 的架构电池和超级电容通过双输入直流变换器共同接在逆变器输入端的直流母线。该双输入双向直流变换器是基于磁集成概念设计而成的，可以更好地减少直流变换器的体积。当此系统处于充电状态时，超级电容和电池可以同时进行充电。在驱动时，超级电容和电池可以同时或者各自单独给驱动系统供应能量，且相互之间也可以进行能量传输，如图 4-5 所示。

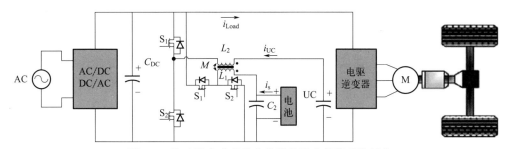

图 4-5　基于耦合式直流变换器的混合储能系统架构

混合储能系统经过数十年的研发，其相对成熟的结构如图 4-6 所示。

① 如图 4-6(a) 所示，被动型混合储能系统一般是电池和超级电容直接并联于直流母线。超级电容充当低通滤波器，稳定电压，平滑电流。该方法的优势是结构简单，无须设计额外的控制电路，但是该结构无法充分使用超级电容的存储深度，造成成本浪费。

② 如图 4-6(b) 所示，超级电容-电池结构目前研究较多。利用一个双向直流变换器将超级电容和动力电池并联在共同的直流母线上。这样的结构可以有效利用超级电容的储能深度。双向直流变换器可以扩大系统的电压范围。

③ 如图 4-6(c) 所示，电池-超级电容的结构通过在拓扑上互换位置可以得到一种新的架构。此类结构，电池电压可以完全不同于超级电容电压。不仅可以起到滤波电容的作用，而且储能深度也得到扩展。

④ 如图 4-6(d) 所示，级联结构的特点是相对前一种结构，它能更好地

利用超级电容的储能深度，级联模块之间以双向直流变换器作为桥梁，显然该直流变换器的设计功率将远大于负载的额定功率，从而额外增加系统的成本。

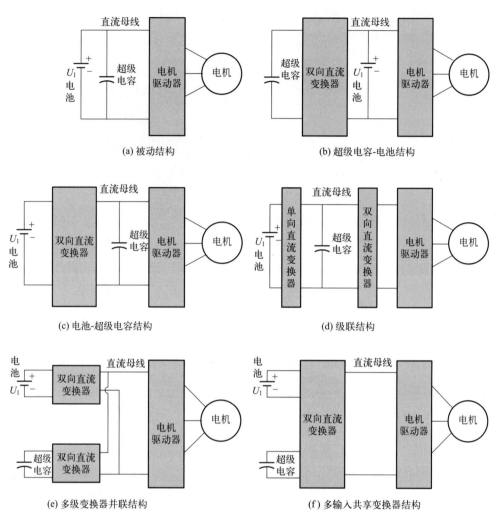

图 4-6　混合储能系统结构

⑤ 如图 4-6(e) 所示，即单独为电池，超级电容配置各自的直流变换器向负载供能。这类结构同样可以发挥电池和超级电容的储能深度，但是大量的变换器模块增加了拓扑结构和能量分配算法的复杂性。

⑥ 如图 4-6(f) 所示，多输入单变换器结构是通过一个多输入双向直流变换器，将电池和超级电容建立连接。该结构的储能单元共享同一个直流变换器，可以降低一定的成本。

(4) 电动汽车的常用的功率变换器

电动汽车的电驱动系统是至关重要的子系统，对车况性能、动力输出、行驶品质、节能效果有决定性作用。同时它也是电动汽车动力舱内占据空间较多的设备群。如图 4-7 所示为大多数电动汽车应用的基本电气系统架构。

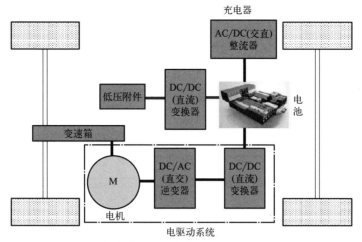

图 4-7　大多数电动汽车应用的基本电气系统架构

4.4　功率变换器硬件电路设计

　　电动汽车功率变换器要实现以下三种功能，首先实现电网通过该功率变换器给动力电池充电（G2V），其次实现动力电池通过功率变换器给电网放电（V2G），最后通过功率变换器可以实现动力电池给车载低压蓄电池充电（T2A）。而功率变换器实现这几种功能需要两级结构的配合，需要功率变换器中的功率电路的功率参数满足不同应用场合的要求。

　　电动汽车功率变换器的主要设计指标参数如表 4-1 所示。

表 4-1　电动汽车功率变换器的主要设计指标参数

工作模式	指标	单位
电网给动力电池 充电模式	额定输出功率	kW
	额定输入电压	V(AC)/50Hz
	输入电压范围	V(AC)
	输入电流范围	A
	输出电压范围	V(DC)
	转换效率	
动力电池给电网 放电模式	额定输出功率	kW
	输入电压范围	V(DC)
	额定输出电压	V(AC)/50Hz
	转换效率	
动力电池给低压蓄电池 充电模式	额定输出功率	kW
	输入电压范围	V(DC)
	输入电流	A_{max}

工作模式	指标	单位
动力电池给低压蓄电池充电模式	输出电压范围	V
	输出电流	A_{max}
	转换效率	

电动汽车双向功率变换器的设计指标如表 4-2 所示

表 4-2 电动汽车双向功率变换器的设计指标

指标名称	单位
额定输出功率 P_0	kW
交流输入电压 U_{in}	V
直流输出电压 U_0	V
开关频率 f_s	kHz
整机效率 η	
功率因数	

(1) 输入端电感设计

在 AC/DC 变换电路中输入端电感在 G2V 模式下时作为升压电感，而在 V2G 模式下时作为并网逆变的滤波电感。由于滤波电感对电感值敏感度较低，设计时可以按照升压电感的要求来设计。

最低输入电压峰值 $U_{in(min)}$、开关频率 f_x 以及占空比 d、纹波电流 ΔI 是影响升压电感参数的几个关键因素，如式(4-1) 所示。

$$L = \frac{U_{in(min)} d}{f_x \Delta I} \tag{4-1}$$

电感中的纹波电流一般取峰值的 20%，而在电网电压最低 $U_{in(min)}$ 和输出功率最大处 $P_{0(max)}$ 才会出现峰值电流，即

$$I_{pk} = \frac{\sqrt{2} P_{0(max)}}{\eta U_{in(min)}} \tag{4-2}$$

$$\Delta I = 0.2 I_{pk(max)} \tag{4-3}$$

$$d = \frac{U_0 - U_{in(min)}}{U_0} \tag{4-4}$$

一般在进行工程设计时，会考虑设计电感裕量。

(2) 直流母线电容设计

直流母线电容主要连接 AC/DC 变换电路和 DC/DC 变换电路，输出直流电压 U_0、输出功率 P_0 和维持时间 Δt 等因素均会影响直流母线电容的值。其关系式如下。

$$C = \frac{2P_0 \Delta t}{U_0^2 - U_{0(min)}^2} \tag{4-5}$$

式中 Δt——当开关管闭合时输出电压从 U_0 下降到最小输出值 $U_{0(\min)}$ 所需的时间。

（3）功率器件选择

电动汽车双向功率变换器中的单相全桥双向 AC/DC 变换电路工作在开关频率较高和传输功率较大的场合下。综合考虑各方面因素，并且在实际选择功率器件时考虑一定的安全裕量，故可得如下关系。

$$\begin{cases} V_{\mathrm{VEM}} > 1.2U_0 \\ I_{\mathrm{VEM}} > 1.5I_{\mathrm{pk(max)}} \end{cases} \tag{4-6}$$

（4）输出滤波电容设计

输出滤波电容连接在 DC/DC 变换电路和动力电池之间，其主要功能是降低输出电压的纹波，确保动力电池充电时能获得稳定的直流电压。

输出滤波和纹波电压之间的关系为

$$C_0 = \frac{D_{\max} I_{0(\max)}}{\Delta V_0 (2f_x)} \tag{4-7}$$

式中

$$I_{0(\max)} = \frac{P_0}{U_{0(\min)}} \tag{4-8}$$

（5）谐振电感和谐振电容设计

DC/DC 变换电路工作在电网给动力电池充电和动力电池给电网放电的工作模式下时，电路拓扑结构等效为 DAB 电路，如图 4-8 所示。

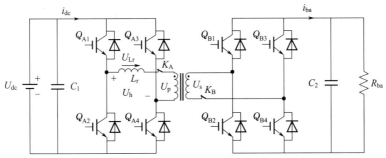

图 4-8　DAB 电路等效电路

图 4-8 中，C_1 为动力电池侧输出滤波电容。

在利用移相控制的全桥结构变换电路中，要实现原副边全桥中斜对角的两个开关管的软开关，需要设计由谐振电感 L_r 和谐振电容 C_r 组成的谐振回路。

谐振电容表达式为

$$C_r = 2 \times \frac{4}{3} C_{\mathrm{oss}} + C_{\mathrm{TX}} \tag{4-9}$$

式中 C_{oss}——IGBT 的输出电容，乘以 2 是由于在谐振过程中，全桥中斜对角的 2 个 IGBT 同时导通工作。

变压器原边寄生电容 C_{TX} 很小，故可忽略，则总的谐振电容为

$$C_r = 2 \times \frac{4}{3} C_{oss} \tag{4-10}$$

DAB 变换电路中开关管要实现软开关，必须使谐振电感 L_r 能将 IGBT 的寄生电容 C_{oss} 和隔离变压器原边线圈寄生电容 C_{TX} 中储存的能量抽离，即谐振电感中的能量要大于谐振电容中充电或放电所需的能量，故要满足如下公式。

$$I_{PRI(min)} = \frac{N_s}{N_p} I_{o(min)} \tag{4-11}$$

谐振电感值 L_r 为

$$L_r > \frac{2C_{oss} U_{in(max)}^2}{I_{PRI(min)}^2} \tag{4-12}$$

（6）低压侧输出滤波电感和滤波电容的选取

DC/DC 变换电路工作在动力电池给低压蓄电池充电的工作模式（T2A）下时，倍流整流移相控制全桥变换电路如图 4-9 所示。

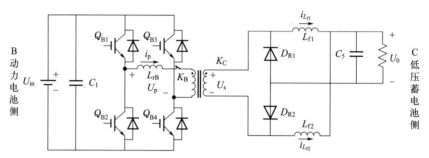

图 4-9 倍流整流移相控制全桥变换电路

在选取滤波电感时一般要在考虑输出电流纹波的情况下选尽量小的电感，以获得较好的动态性能，并且在工程设计时要求纹波电流不能超过额定输出电流的 10%。通常低压蓄电池侧的额定输入电流为 30A，则最大纹波电流为 3A。

用电流相消比 K 表示倍流整流电路的输出电流纹波值 i_o 与输出滤波电感电流纹波值 i_L 之间的关系。

$$\Delta i_L = K \Delta i_L \tag{4-13}$$

式中

$$\Delta i_0 = \frac{(1-D) T U_0}{L_0} \tag{4-14}$$

$$\Delta i_L = \frac{\left(1 - \frac{D}{2}\right) T U_0}{L_0} \tag{4-15}$$

则

$$K = \frac{\Delta i_0}{\Delta i_L} = \frac{1-D}{1-\frac{D}{2}} \tag{4-16}$$

$$\Delta i_0 = \frac{1-D}{1-\frac{1}{2}}\left(1 - \frac{D}{2}\right)\frac{U_0 T}{L_0} = (1-D)\frac{U_0}{2 L_0 f_s} \tag{4-17}$$

从式(4-19)可以看出,当 $D = 1$ 时, i_0 为零。因此,为了使输出电流纹波最小化,只要满足系统输出要求,占空比 D 越接近 1 越好。

最后算出输出滤波电感的值。

$$L_0 = \frac{U_0\left(1 - \dfrac{D}{2}\right)}{\Delta i_L f_s} \tag{4-18}$$

倍流整流移相控制全桥变换电路输出电压的波纹由式(4-21)给出。

$$\Delta U_0 = \frac{\Delta i_L}{C_0}DT + \Delta i_L R_{ESR} \tag{4-19}$$

通常,在设计输出滤波电容时一般会忽略等效串联电阻,并采用更大裕量的电容。

(7) 功率开关管和整流二极管的选取

功率开关管的选型主要是根据它所处工作模式电压和电流确定的。

(8) 继电器的选取

双向功率变换器工作模式的切换取决于对继电器的控制,继电器是由铁芯、线圈、衔铁和触点簧片等组成的一种电气控制开关,通过使线圈和铁芯产生电磁效应来吸附和断开触点,继而控制继电器的闭合和关断,继电器在系统中起到工作模式切换的作用。

一般在选取继电器时要注意以下几点:

① 额定工作电流;

② 被控回路中最大电压和最大电流值;

③ 继电器组的体积。

额定工作电流在后期将由主控制器提供工作信号给驱动电路,再由驱动电路提供额定的工作电流,继电器的选型主要考虑被控制电路的电压和电流。

(9) 端口变压器的设计

电动汽车功率变换器的不同工作模式切换都需要通过继电器来控制,根据将绕组变压器中不同绕组接入电路的情况来实现不同的工作模式和不同的能量流动。三端口变压器是集成在一起分时工作的,当工作在电网给动力电池充电或动力电池给电网放电的模式下时,低压蓄电池侧的继电器关断,使低压蓄电池侧绕组断开连接,此时电网侧绕组和动力电池侧绕组参与工作;当工作在动力电池给低压蓄电池充电的模式下时,电网侧的继电器关断,使电网侧绕组断开连接,此时动力电池侧的绕组和低压蓄电池侧的绕组参与工作。如图 4-10 所示为三端口变压器结构示意。

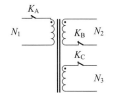

图 4-10　三端口变压器结构示意

① 磁芯的选择。几何尺寸参数法和面积乘积法(AP 法)是高频变压器磁芯选取的两个主要方法。本书采用 AP 法,该方法通过获得流经导线的电流密度,来求出磁芯的窗口面积 A_w 与磁芯有效截面积 A_e 的乘积 A_P,如式(4-22)所示。

$$A_p = \frac{P_t \times 10^2}{4K_m f B_m j} \tag{4-20}$$

式中　A_p——面积乘积，cm^2；

　　　P_t——变压器计算功率，W；

　　　f——开关工作频率，kHz；

　　　B_m——工作磁感应强度，mT；

　　　j——电流密度，A/mm^2；

　　　K_m——绕组在磁芯窗口中的占空系数，取 0.25。

计算功率表达式为

$$P_t = P_0 \left(\frac{1}{\eta} + 1 \right) \tag{4-21}$$

式中　P_0——变压器的输出功率，为三端口变换器的转换效率，取 95%。

在选择工作磁感应强度时，应使其小于材料的饱和磁感应强度，还要考虑磁感应值会随着温度的变化而变化等。

② 绕组匝数及线径计算。可用式(4-24)计算绕组两侧电压为交变方波电压的高频变压器的原边匝数，故可以先计算出低压蓄电池侧绕组的匝数 N_3。

$$N_3 = \frac{U_3 T_{on}}{2B_m A_e} \times 10^2 \tag{4-22}$$

式中　U_3——低压蓄电池侧输入电压，V；

　　　T_{on}——开关管导通时间，μs；

　　　B_m——工作磁感应强度，T；

　　　A_e——磁芯有效截面积，cm^2。

在设计导线线径的时候，根据电压和输出功率，可以获得电网侧、动力电池侧和低压蓄电池侧的通过电流。

根据电流可以求出导线线径 D。

$$D = 1.13 \sqrt{\frac{I}{\sigma}} \tag{4-23}$$

式中　σ——电流密度，其大小等于单位时间内通过某一单位面积的电量，一般取 22.5A/m。

(10) 其他电路设计

① 隔离驱动电路。隔离驱动电路对 IGBT 来说至关重要，并且随着开关频率的提高，对相应的驱动电路要求也越来越高。隔离驱动电路的设计要求有以下几点：

a. 要有一定的驱动能力；

b. 高频率工况下，低延迟；

c. 防止 IGBT 受关断时负压干扰；

d. 结构简单可靠、损耗小、具有电气隔离。

根据以上要求，设计可以采用将独立电源加隔离光耦的驱动电路方案，这种方案虽然相较于集成驱动芯片体积大，但具有散热好的特性。如图 4-11 所示为隔离驱动电路 PCB 接线原理。

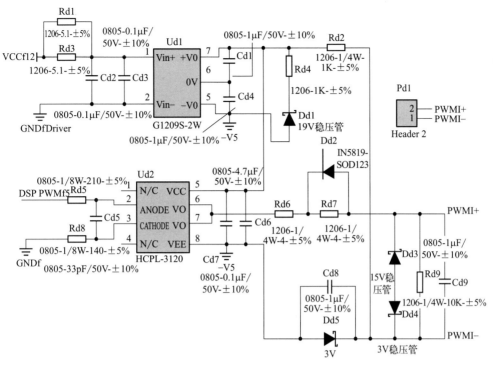

图 4-11　隔离驱动 PCB 接线原理

② 信号采样电路。信号采样电路的作用主要是将电路中相关的电压和电流量进行采集后输入控制芯片中，然后控制芯片通过 A/D 转换将采得的模拟量转换为数字信号进行储存和运算。设计可以使用霍尔电压传感器，该传感器是应用霍尔效应和零磁通原理的电压传感器，能够测量交直流以及各种脉冲电压，同时也具有电气隔离作用。相对于利用差分放大器搭建的电压采集电路具有高可靠性和安全性的特点。如图 4-12 所示为直流侧电压传感器的 PCB 接线原理。

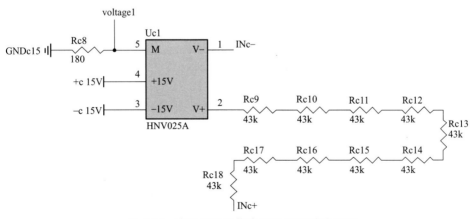

图 4-12　直流侧电压传感器的 PCB 接线原理

同样，功率模块中也需要电流值进行采样，可以选用闭环霍尔电流传感器，它是应用霍尔原理的制成闭环传感器，具有高精度、良好线性度、低温漂和抗干扰强的优点，其 PCB 接线原理如图 4-13 所示。

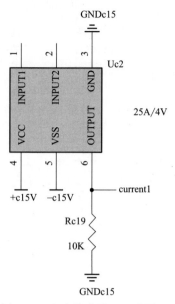

图 4-13　电流传感器 PCB 接线原理

根据电路工作在不同工作模式下的状态来分析和计算各部分的损耗值，在理论上分析实验样机是否满足设计要求。

第
5
章

线控转向系统

线控转向系统是一种新型的车辆转向操纵方式，也是实现无人驾驶的前提条件，其改变了原有的转向系统的传动结构，取消了方向盘与转向轴之间的机械连接，转向操纵需求以纯电子方式传输至转向轴，转向传动比和转向力回馈可通过电控灵活调节，将驾驶员操作的系统和车轮的执行系统在机械上完全分离，构成了独立的两个子系统，通过控制系统和传感器将两个子系统联系在一起。控制系统通过分析和计算车辆的状态，主动调节汽车转向的力传递特性，而且可以设计汽车转向的角传递特性，给汽车转向特性的设计带来相当大的空间，从而降低驾驶员的操纵负担，提高人-车闭环系统的主动安全性能。

5.1 线控转向系统结构与要求

（1）线控转向结构

线控转向系统的转向角由方向盘控制，线控转向控制模块通过在不同车速下调节转向比，可以使车辆在低速时对驾驶员的转向命令响应较为灵活，在较高车速下，可减少响应于驾驶员的转向输入而提供的转动向量，以提高驾驶员的力回馈精度并增加转向稳定性，其转向结构原理如图 5-1 所示。

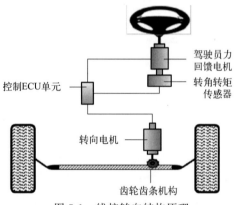

图 5-1　线控转向结构原理

为了提高行车安全，线控转向系统除了调节转向比之外，还能够依据车辆行驶姿态自动调节车轮的转向角，实现车辆的主动安全控制。控制模块接收来自车辆传感器的输入信息，例如横摆角速度、侧向加速度、侧倾等，计算出车辆的行驶状态，并估计车辆的危险情况，例如通过对车辆姿态的检测判断驾驶员的危险操作，并主动调整转向比，降低危险发生的可能。

为了减轻驾驶员的操作负担，线控转向系统能够根据车辆动态变化调整转向，并抑制干扰。例如，线控转向可以调整转向角以补偿道路牵引或漂移（例如侧风、路面倾斜等），从而消除驾驶员持续反向转向的需要。通过驾驶员反馈算法，线控系统自动完成转向的细微调整，而不需要驾驶员干预，提高了驾驶操作性能。

通过线控转向功能，系统能够实现理想的横摆角速度响应，纠正转向过度或转向不足。线控转向系统还能够通过与车辆制动系统、主动差速控制系统的协调工作，以确保车辆运动过程达到最优的汽车动力学要求。

（2）车辆行驶状态感知

传统的转向系统，路面对转向系统的反力会反馈到方向盘上，使驾驶员能够感知到车辆的行驶状态，同时，这个回馈力还包含路面和粗糙度导致的振动以及转向系统中的机械结构导致的干扰。由于线控转向系统取消了机械连接，这些信号无法直接传递到方向盘，线控转向系统能够基于车辆的运行条件和行驶状态改变回馈力的大小。

在车辆行驶过程中，车辆控制器需要感知的是车辆的行驶状态，路面振动、机械系统干扰等会影响车辆的操纵性能。不同车速下车辆控制器对车辆的操作性能要求有所不同，在低速时要求车辆轻便性好、灵活性高；在高速行驶时，要求车辆控制器对于侧向力的变化比较敏感，防止车辆高速时侧向力过大导致车辆侧滑的危险。

（3）转向系统角传动比标定

在实车平台上展开无人驾驶控制研究，一些参数的获取需要对实车进行相关系统标定才可以得到。转向控制研究的必要环节是对转向系统角传动比进行标定。方向盘转角传动比对应着不同车辆方向盘转角与车辆转弯半径的关系。在实际车辆使用时，整车厂会提供原厂设计的传动比对照表。在实际车辆行驶的过程中传动比受地面摩擦力、平整度等影响，一般使用过程中需要在平整路面上重新进行标定。转向系统角传动比指的是方向盘转角增量与转向轮转角增量之比，乘用车角传动比通常为16～18。

转向系统角传动比的标定需要用到转向滑盘，把车辆的转向轮停放在滑盘上，转动方向盘分别记录转向轮、方向盘的转角，依次记录多组对应转角值。多次测量得出多组数据，将测量的数据采用最小二乘法拟合成直线，最后得出转向系统角传动比。

（4）转向执行机构改装设计

无人驾驶汽车转向控制不仅仅需要控制器依据转向控制算法计算出控制指令，另外还需把指令发送到转向执行装置，执行装置完成转向动作就实现了完整的控制过程，因此执行机构是完成自动操控的重要环节。然而，执行机构作为转向控制比较关键的一步，需要准确、迅速地执行上层控制器的相关命令。

转向系统示意如图5-2所示，该系统主要由三部分组成：转向电机、转向传动、转向机构。在无人驾驶转向机构中，转向执行电机是通过控制器根据控制策略，调节转向电机输出转角，经过传动装置驱动转向机构实，现对转向角度的控制，完成控制转向的目的。

转向执行机构接收上层控制器发送的控制信号给步进电机，步进电机驱动转向连接支臂转动，能够实现将转矩稳定均匀地传递到方向盘上，带动方向盘转动。传感设备实时把转动状态反馈给步进电机，从而实现控制无人驾驶汽车转向的目标。转向执行机构框架如图5-3所示。

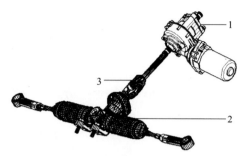

图 5-2　转向系统示意

1—转向电机；2—转向传动；3—转向机构

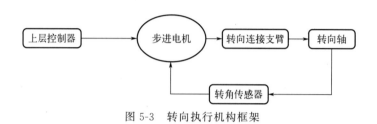

图 5-3　转向执行机构框架

5.2　自动转向系统的结构及原理

（1）无人驾驶汽车转向系统

无人驾驶转向控制通常指通过控制无人驾驶汽车的行驶方向，让其可以依照规划完成的路径行驶。由于需要多种技术的融合才能保证无人驾驶汽车安全稳定地行驶在道路环境中，因此无人驾驶汽车是一个需要不断完善的复杂技术研究平台，对无人驾驶汽车转向控制技术的研究是众多技术研究中相对关键的研究之一。确保较好地控制无人驾驶汽车的转向才可以确保车辆准确无误地行驶。

无人驾驶汽车转向控制架构组成简图如上图 5-4 所示。对无人驾驶汽车转向控制进行研究时，为了能够让无人驾驶汽车在转向控制的过程更接近驾驶员操作的转向控制过程，无人驾驶汽车需要通过环境感知系统获得车辆的姿态信息（航向角、横向位置、转向角等），结合路径规划系统给出的目标路径信息，基于无人驾驶汽车实时的状态信息，通过合理地控制算法计算出转向轮的理想转向角，然后将控制转角指令传送给转向执行机构，完成相应的操作动作并反馈转向状态信息。在整个车辆转向控制的过程中，车辆基于自身的状态不断地纠正自己的方向偏差，同时不断调整车辆的转向角，最终实现无人驾驶汽车的转向控制，完成路径跟踪。

（2）无人驾驶汽车的系统架构

无人驾驶汽车是环境感知、规划决策、运动控制三大模块集成为一体的复杂平台，无人驾驶汽车关键技术的系统架构如图 5-5 所示。

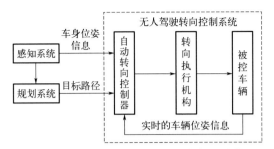

图 5-4 无人驾驶汽车转向控制架构组成简图

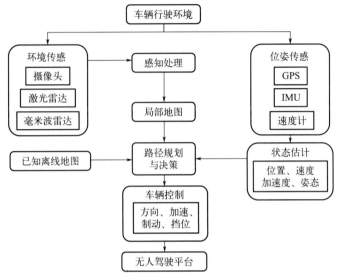

图 5-5 无人驾驶汽车关键技术的系统架构

① 环境感知模块。该部分等同于驾驶员的耳朵和眼睛，摄像头和雷达是环境感知模块对道路交通环境实施探测的传感器。为提高无人驾驶的可靠性，逐渐出现了多传感器如摄像头、激光雷达、毫米波雷达等信息的融合技术，从而获得行车周边环境情况及自身状态，这将为接下来的规划决策与运动控制做好环境信息准备，同时预想到不久的将来车辆的智能网联化，很大可能是利用 V2X 技术达到与附近车辆和公共交通基础设施的信息互联，将会推进车辆智能网联化的快速发展。

② 规划决策模块。车辆感知模块在完成对路况的探测及状态信息的采集后，把融合的信息下载给该模块，进行相对应的规划决策。该模块依据接收到的路况环境和车辆信息，规划出一条最佳的汽车驾驶路径，让车辆具有与熟练驾驶员有一样的决策处理功能。该模块在算法调试阶段，大部分研究者都会优先考虑使用工控机来作为实现算法的控制器硬件，得益于工控机嵌入式设备配套软件的多样化，运行稳定性相对更高。

③ 运动控制模块。该部分向被控的车辆发送指令，让被控车辆沿着之前规划的期望轨迹行驶。本模块所扮演的角色是整个系统的执行层，该部分的控制核心包括横向的转向功能控制和纵向的车辆速度控制两部分，与驾驶员操控车

辆方向盘、刹车踏板、加速踏板等让汽车遵循驾驶员的意愿行进相似。然而，大概率情况下，为了确保车辆的行驶安全性、舒适性以及稳定性，需要考虑横向、纵向、垂向的综合控制，它们之间存在耦合关系，这种关系的稳定性和复杂性是实现运动精确控制的重点和难点。由于计算机技术的不断更新换代，也随之逐渐提高了控制器的运算性能，使得无人驾驶汽车运动控制的实时性有了强劲的保障。

无人驾驶技术是包含内容众多的复杂工程。现阶段有一部分品牌的汽车都装有不同的智能辅助系统，这就是无人驾驶的雏形，是向着无人驾驶过渡的初级阶段。比如已经出现的智能泊车系统、自动倒车系统都能体现出环境感知和运动控制的踪迹。显然，不管是辅助驾驶还是无人驾驶，车辆的转向控制技术都将会是必不可少的一个重要环节。

5.3　车辆转向动力学及运动学

5.3.1　坐标系建立

大地坐标系及车身坐标系如图 5-6 所示。

大地坐标系 $OXYZ$ 也称惯性系，固结于地面，运动状态不会发生改变，用于体现车辆的绝对运动状态，如车辆位移、方向、加速度等。

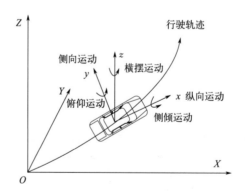

图 5-6　大地坐标系及车身坐标系

X—某一固定方向，通常为车辆初始静止时刻的前进方向；Z—垂直于地面，与重力方向相反；
Y—正交于 X、Z，方向遵循右手定则；x—车辆前进方向为正方向；z—垂直于地面，
与重力方向相反；y—与车身垂直，以左为正方向

车身坐标系 $oxyz$ 用于描述整车的运动，随着车辆的运动而改变。选用 ISO 标准坐标系，车辆质心作为坐标原点。

轮胎坐标系用于对轮胎的受力进行分析，如图 5-7 所示，平面 A 为车轮旋转平面，侧偏角 α 定义为车轮行驶方向与 X_t 轴之间的夹角。

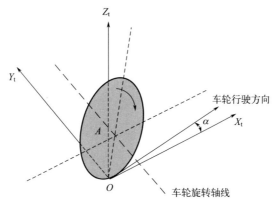

图 5-7　轮胎坐标系

X_t—车轮平面与地面的交线，向前为正；Z_t—垂直于地面，与重力方向相反；

Y_t—正交于 X_t、Z_t，方向遵循右手定则

5.3.2　车体动力学模型

首先，建立七自由度车体模型，其中包括：纵向运动、侧向运动、横摆运动与四个车轮的旋转运动。如图 5-8 所示，假设车辆是具有质心的刚体，质心点为 CG。l_s、a、b 分别为车辆质心到车轮接地印记中心线、前轴、后轴的距离，d 为车辆轮距，F_{xi}、F_{yi} 分别表示第 i 个车轮所受的纵向力与侧向力，$i =$ 1、2、3、4，v_x、v_y 分别为车辆纵向速度与侧向速度，M_z 为整车绕车辆坐标系 z 轴的横摆力矩，δ_1、δ_2 分别为左、右前轮转向角。

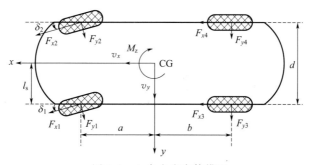

图 5-8　七自由度车体模型

根据运动学原理可以得到车辆纵向、侧向与横摆运动方程。

车辆纵向运动方程为

$$\begin{aligned} F_X &= m(\dot{v}_x - \gamma v_y) \\ &= F_{x1}\cos\delta_1 + F_{x2}\cos\delta_2 + F_{x3} + F_{x4} - F_{y1}\sin\delta_1 - F_{y2}\sin\delta_2 \end{aligned}$$

$$(5\text{-}1)$$

式中　F_X——车辆质心所受到的总纵向力；

　　　m——车辆整体质量；

　　　γ——绕车辆坐标系 Z 轴的横摆角速度。

车辆侧向运动方程为

$$F_Y = m(\dot{v}_y + \gamma v_x)$$

$$= F_{x1}\sin\delta_1 + F_{x2}\sin\delta_2 + F_{x3} + F_{x4} + F_{y1}\cos\delta_1 - F_{y2}\cos\delta_2 \tag{5-2}$$

式中 F_Y——车辆质心所受到的总侧向力。

车辆横摆运动方程为

$$M_Z = I_Z\dot{\gamma} = F_{x1}a\sin\delta_1 + F_{x2}a\sin\delta_2 + F_{y1}a\cos\delta_1 + F_{y2}a\cos\delta_2 - F_{y3}b - F_{y4}b$$
$$- l_s F_{x1}\cos\delta_1 + l_s F_{y1}\sin\delta_1 - l_s F_{x3} + l_s F_{x4} + l_s F_{x2}\cos\delta_2 - l_s F_{y2}\sin\delta_2$$
$$\tag{5-3}$$

式中 I_Z 为绕车辆坐标系 Z 轴的转动惯量。

5.3.3 车轮动力学模型

车轮在转动过程中受力状态如图 5-9 所示。

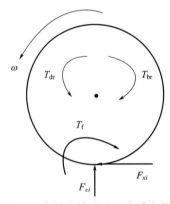

图 5-9 车轮在转动过程中受力状态

车辆在行驶过程中车轮主要受到轮毂电机输出的驱动力矩 T_{dr}、制动系统施加的制动力矩 T_{br}、滚动阻力矩 T_f 与地面提供的摩擦力 F_{xi} 和垂向反作用 F_{zi}。滚动阻力矩可通过与垂直载荷和滚动半径 R_r 之间的关系求得。

$$T_f = F_z f R_r$$

$$f = 0.014\left(\frac{1+v_x^2}{19440}\right)$$

$$R_r = 3.05 R_f\left[\frac{1+v_x-60}{10000}\right]/\pi \tag{5-4}$$

式中 f——摩擦阻力系数；

  R_f——车轮自由半径。

车轮垂直载荷 F_z 的大小在仅考虑加速度变化引起垂直载荷的转移，忽略悬架系统影响的情况下，可通过无加速度下载荷量、纵向加速度引起的载荷变化量、侧向加速度引起的载荷变化量、纵向与侧向加速度共同引起的载荷变化量四部分估算得到，如下所示。

$$F_{z1} = \frac{mgb}{2l} - \frac{ma_x h_g}{2l} - \frac{ma_y b h_g}{ld} + \frac{ma_x a_y h_g^2}{gld} \tag{5-5}$$

$$F_{z2} = \frac{mgb}{2l} - \frac{ma_x h_g}{2l} + \frac{ma_y b h_g}{ld} - \frac{ma_x a_y h_g^2}{gld} \tag{5-6}$$

$$F_{z3} = \frac{mga}{2l} + \frac{ma_x h_g}{2l} - \frac{ma_y a h_g}{ld} - \frac{ma_x a_y h_g^2}{gld} \tag{5-7}$$

$$F_{z4} = \frac{mga}{2l} + \frac{ma_x h_g}{2l} + \frac{ma_y a h_g}{ld} + \frac{ma_x a_y h_g^2}{gld} \tag{5-8}$$

式中　a_x——车辆纵向加速度；

a_y——车辆侧向加速度；

h_g——重心与地面垂直距离；

g——重力加速度；d 为轮距，l 为轴距。

因此，可得车轮旋转运动方程。

$$J\dot{\omega} = T_{dr} - T_{br} - F_{xi}R_r - T_f \tag{5-9}$$

式中　J——车轮转动惯量；

$\dot{\omega}$——各个车轮旋转角速度。

轮胎模型有很高的精度要求，一般情况下轮胎工作在线性区，但当重心侧偏角超过 5°，此时轮胎呈现明显的非线性。研究车辆驱动控制，考虑到控制算法设计的需求，对轮胎模型提出以下要求。

模型精度要高，能够很好地表达轮胎的非线性特性；能够反映轮胎侧向与纵向的耦合特性；参数尽量少，表达相对简单，便于计算。

综合以上分析，魔术轮胎模由 Pacejka 教授提出，可以很好表达轮胎的力学特性，满足需求。

魔术轮胎模型是基于实验数据递归分析得到的，一般表达式如下。

$$y = D\sin\{C\arctan[Bx - (EBx - E\arctan Bx)]\} \tag{5-10}$$

$$Y(x) = S_v + y(x) \tag{5-11}$$

$$x = S_h + X \tag{5-12}$$

式中　Y——轮胎力，在不同的输入自变量 X 下表示含义不同。

魔术轮胎输入与输出参数关系如图 5-10 所示。魔术公式参数及其含义见表 5-1。

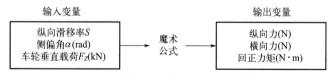

图 5-10　魔术轮胎输入与输出参数关系

表 5-1　魔术公式参数及其含义

符号	参数含义
Y	轮胎力
X	滑移率或侧偏角
D	峰值因子：表示曲线的最大值

符号	参数含义
C	曲线形状因子
B	刚度因子
E	曲线曲率因子
S_h	曲线水平方向漂移
S_v	曲线垂直方向漂移

车轮的滑移率计算如下。

$$S_i = \frac{\omega_i R_{ri} - v_i}{\omega_i R_{ri}} \tag{5-13}$$

式中　S_i、v_i——第 i 个车轮的滑移率和轮心速度。

车轮轮心速度可由式(5-14)得到。

$$
\begin{cases}
v_{x1} = (v_x - l_s\gamma)\cos\delta_1 + (v_y + a\gamma)\sin\delta_1 \\
v_{x2} = (v_x + l_s\gamma)\cos\delta_2 + (v_y + a\gamma)\sin\delta_2 \\
v_{x3} = v_x - l_s\gamma \\
v_{x4} = v_x + l_s\gamma
\end{cases} \tag{5-14}
$$

$$
\begin{cases}
v_{y1} = (v_x - l_s\gamma)\sin\delta_1 + (v_y + a\gamma)\cos\delta_1 \\
v_{y2} = (v_x + l_s\gamma)\sin\delta_2 + (v_y + a\gamma)\sin\delta_2 \\
v_{y3} = v_y - b\gamma \\
v_{y4} = v_y - b\gamma
\end{cases} \tag{5-15}
$$

$$v_i = \sqrt{v_{xi}^2 + v_{yi}^2} \tag{5-16}$$

另外，输入参数轮胎侧偏角 α_i 计算如下。

$$
\begin{cases}
\alpha_1 = \arctan\left(\dfrac{v_y + a\gamma}{v_x - l_s\gamma}\right) - \delta_1 \\[2mm]
\alpha_2 = \arctan\left(\dfrac{v_y + a\gamma}{v_x + l_s\gamma}\right) - \delta_2 \\[2mm]
\alpha_3 = \arctan\left(\dfrac{v_y - b\gamma}{v_x - l_s\gamma}\right) \\[2mm]
\alpha_4 = \arctan\left(\dfrac{v_y - b\gamma}{v_x + l_s\gamma}\right)
\end{cases} \tag{5-17}
$$

5.4　转向系统位置控制动态特性

以重型车辆为例，转向系统的核心就是电液比例阀通过执行液压油缸完成位置控制（轻型车辆采用步进电机），对液压部分建立数学模型，而对于执行机构部分，转向阻力矩以及转向执行机构无法用较准确的数学模型进行建模。

为了分析方便，对系统进行了相应的简化：假设供油压力恒定，回油压力为 0；阀的四个节流口对称，采用圆形阀口；阀口处流动为紊流；四通滑阀为零开口；不考虑管道损失及管道的动态；温度和密度均为常数。

比例控制放大器是电液比例控制系统的重要组成部分，它必须与比例阀电-机械转换器相匹配，并具有各种附加电子线路或校正网络，可以实现控制信号的生成、信号处理、前置放大、功率放大、测量放大和反馈校正等功能，以改善电液控制元件或系统的稳态和动态特性。比例控制放大器振荡频率的频宽一般远远大于比例阀电-机械转换器的频宽，故可将其视为一个比例环节，放大器的传递函数可表示为

$$U_c(s) = K_u U_i(s) \tag{5-18}$$

式中　K_u——放大器电压放大系数。

比例电磁铁控制线圈的端电压方程为

$$u_c = L\frac{\mathrm{d}i}{\mathrm{d}t} + (R_c + r_p)i + K_e\frac{\mathrm{d}y}{\mathrm{d}t} \tag{5-19}$$

式中　　L——线圈电感；

R_c，r_p——线圈和放大器内阻；

K_e——线圈感应反电势系数。

式（5-19）拉氏变换得

$$U_c(s) = LsI(s) + (R_c + R_p)I(s) + K_e sY_c(s) \tag{5-20}$$

对衔铁组件（包括先导阀芯、弹簧）进行受力分析，忽略作用在这些零件上的液压力、干扰力的影响，可以写出如下方程。

$$m_c\frac{\mathrm{d}^2 y_c}{\mathrm{d}t^2} + D_c\frac{\mathrm{d}y_c}{\mathrm{d}t} + K_s y_c = \Delta F_m \tag{5-21}$$

式中　m_c——衔铁组件质量；

D_c——阻尼系数；

K_s——衔铁组件的弹簧刚度；

ΔF_m——电磁铁推力。

在工作区域内，电磁铁推力可以近似线性表示为：

$$\Delta F_m = K_i i - K_y y_c \tag{5-22}$$

式中　K_i——比例电磁铁的电流力增益；

K_y——比例电磁铁的位移力增益和调零弹簧的刚度之和。

合并式（5-21）和式（5-22）并进行拉氏变换，得

$$m_c s^2 Y_c(s) + D_c sY_c(s) + (K_s + K_y)Y_c(s) = K_i I(s) \tag{5-23}$$

直流比例电磁铁的传递函数方框图如图 5-11 所示。

由于比例方向流量阀电磁铁线圈的转折频率较高，起主导作用的为二阶振荡环节，且线圈感应反电动势的影响可以忽略，因此可简化比例电磁铁阀芯的输出位移对输入电压的传递函数为：

$$\frac{Y_c(s)}{U_i(s)} = \frac{K_v}{\dfrac{s^2}{\omega_v^2} + \dfrac{2\xi_v s}{\omega_v} + 1} \tag{5-24}$$

式中 K_v——以电压为输入时的位移增益；

      ω_v——电-机械转换器无阻尼液压固有频率；

      ξ_v——电-机械转换器液压阻尼系数。

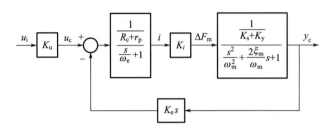

图 5-11   直流比例电磁铁的传递函数方框图

ω_e—控制线圈的转折频率，$\omega_e = \dfrac{R_c + r_p}{L}$；$\omega_m$—衔铁组件弹簧质量系统的固有频率，

$\omega_m = \sqrt{\dfrac{K_s + K_y}{m_c}}$；$\xi_m$—衔铁组件无量纲阻尼，$\xi_m = \dfrac{D_c}{2\sqrt{(K_s + K_y)\, m_c}}$

比例阀的流量-压力特性呈非线性的关系，这是由节流口的非线性特性造成的。为分析方便，对其在稳态工作点处进行线性化，可得

$$Q_L = k_q y_c - k_c P_L \tag{5-25}$$

式中 k_q——流量放大系数，$k_q = \dfrac{\partial Q_L}{\partial y_c}\bigg|_{y_c = y_{c0},\, P_L = P_{L0}}$；

      k_c——流量压力系数，$k_c = -\dfrac{\partial Q_L}{\partial P_L}\bigg|_{y_c = y_{c0},\, P_L = P_{L0}}$；

      Q_L——负载流量；

      P_L——负载压力。

所有阀的系数都是随着稳态工作点的变化而变化的，其中最重要的工作点在零位。而在零位时，流量放大系数 k_q 只取决于阀的面积梯度和供油压力，实验证明此时 k_q 的计算值与实际值非常接近；而零位时 k_c 的计算值与实际值相差很大。对转向油缸进行分析，根据流量连续方程

$$Q_L = A_p \frac{dx_p}{dt} + k_1 P_L + \frac{V}{4K} \times \frac{dP_L}{dt} \tag{5-26}$$

式中 k_1——转向油缸工作腔泄漏系数；

      K——油液体积模型；

      V——转向油缸工作腔及进油管内的油液体积。

式(5-24)～式(5-26) 即构成了液压部分的数学模型，液压部分的方框图如图 5-12 所示。

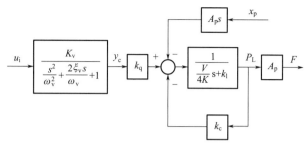

图 5-12　液压部分方框图

5.5　转向执行机构建模

在车轮偏转过程中，车轮与地面间的摩擦力分为静摩擦力和库仑摩擦力两个阶段，它的作用方向与车轮偏转方向或趋势相反，在车轮偏转角速度为零的位置有突变，是非线性的干扰。此外，车轮在转向过程中，轮胎接地点的位置也在不断改变，因此很难通过建立数学模型来准确地描述转向阻力。

在车辆转向的动态特性研究中，通常将机械传动部分和转向车轮以等效刚度、等效阻尼和等效质量代替，因此模型无法准确地反映车轮转向时的动态特性。考虑到转向过程中车轮弹性变形力、地面与车轮间静摩擦力和库仑摩擦力不同阶段作用的非线性，建立弹性力起主导作用的摩擦非线性仿真模型，将其加入液压动力转向系统的计算机仿真模型中，可获得更接近实际情况的仿真模型。

采用虚拟样机技术建立转向执行机构的 ADAMS 模型，通过建立轮胎模型和路面模型来对转向系统的动态特性进行分析。

5.5.1　虚拟样机模型的建立

在 ADAMS/View 中，建立左前车轮的 ADAMS 模型，如图 5-13 所示。模型主要由车轮、路面、转向节臂、转向油缸、车桥、主簧以及减振器等构成。

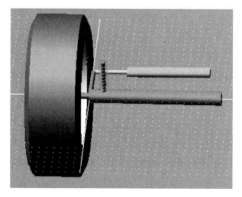

图 5-13　左前车辆 ADAMS 模型

轮胎模型与路面模型在整个建模中具有举足轻重的意义，因为只有建立正确的轮胎模型与路面模型，才能较好地模拟出车轮的转向阻力。

　　ADAMS 软件提供了五种用于动力学仿真计算的轮胎模型，即 Fiala 模型、UA 模型、Smithers 模型、Delft 模型和用户自定义模型。ADAMS 根据这些轮胎模型的理论基础建立了相应的虚拟轮胎模型。但是 UA、Delft 和 Smithers 轮胎模型参数较多，不易得到，而 Fiala 轮胎模型需要的参数较少，故采用 Fiala 轮胎模型，胎压为 0.75MPa。轮胎的 Fiala 模型特性参数见表 5-2。

表 5-2　轮胎的 Fiala 模型特性参数

车轮自由半径 R_1/mm	外倾刚度（CGAMMA）/[N/(°)]
胎冠半径 R_2/mm	滚动阻力偶臂（CRR）/mm
径向刚度（CN）/(N/mm)	径向阻尼比（RDR）
纵向滑移刚度（CSLIP）/(N/mm)	静摩擦系数 μ_0
侧偏刚度（CALPHA）/[N/(°)]	动摩擦系数 μ_1

　　根据轮胎的特性参数，在 ADAMS/View 中编制轮胎特性文件（mytire.tir）。

　　ADAMS 中常采用的路面谱有 3 种，分别是 2D、3D 和 3D-Spline。由于重型汽车的行驶路面平整，因此根据重型汽车的行驶条件，编制一块水平地面的 2D 路面模型，得到相应的路面谱文件（flat_road.rdf）。

5.5.2　确定 ADAMS 的输入与输出

　　建立液压部分的数学模型和转向执行机构的 ADAMS 模型，要进行联合仿真，首先要确定执行机构与液压部分的输入与输出关系。从图 5-14 中可以看出，液压系统向转向油缸的活塞输入一个控制力（Force），控制执行机构的运动。而执行机构则向液压系统输出转向车轮的偏转角（wheel_angle）、车轮偏转角速度（wheel_v）和转向油缸活塞的运动速度（piston_v）。

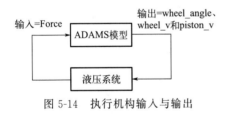

图 5-14　执行机构输入与输出

5.5.3　在 ADAMS 中设置变量与函数

　　ADAMS/Controls 程序和控制程序 MATLAB、EASY5 或 MATRIX X 之间，通过相互传递状态变量进行信息交流。因此必须将样机模型的输入和输出变量，及其输入和输出变量引用的输入和输出函数，同一组状态变量联系起来。

　　首先将 Force 定义为状态变量，然后建立输入函数 VARVAL（.steering.Force）。VARVAL() 是一个 ADAMS 函数，它返回变量 .steering.Force 的值。也就是说在 Simulink 中建立的液压控制系统的转向油缸活塞力，通过 ADAMS 与

Matlab 的接口传递给 ADAMS 中转向油缸上的驱动力。同样将三个输出也定义为状态变量。

在完成以上工作之后，启动 ADAMS/Controls 模块，在模块中定义输入和输出变量，以便可以通过 ADAMS/Controls 模块同其他控制模块相连接。AD-AMS/Controls 将输入和输出信息保存在 wheel_control. m、wheel_control. cmd 和 wheel_control. adm 文件中，供联合仿真分析时使用。

5.5.4　联合仿真模型的建立

打开 Matlab 软件，在命令窗口中输入 wheel_control 命令，启用 ADAMS 程序，同时输入 ADAMS 模块，将其与液压部分 Simulink 模型相结合，构成整个转向系统的仿真模型，如图 5-15 所示。

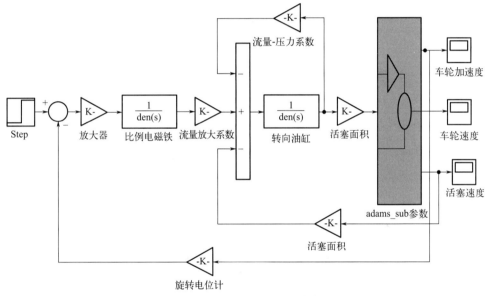

图 5-15　转向系统联合仿真模型

5.5.5　转向系统动态特性仿真

仿真系统数学模型的主要参数如表 5-3 所示。

表 5-3　仿真系统的主要参数（相关参数值是特定车型）

$k_q = 0.037 \mathrm{m}^2/\mathrm{s}$	$V = 0.002 \mathrm{m}^3$
$K = 7 \times 10^8 \mathrm{Pa}$	$k_c = 3 \times 10^{-13} \mathrm{m}^3 \cdot \mathrm{Pa/s}$
$A_p = 3.12 \times 10^{-3} \mathrm{m}^2$	$k_1 = 9 \times 10^{-12} \mathrm{m}^3 \cdot \mathrm{Pa/s}$
$K_v = 4.43 \times 10^{-4}$	$K_u = 35$
$\omega_v = 37.7 \mathrm{rad/s}$	$\xi_v = 0.5$

车轮转角对方向盘角阶跃输入 180°（对应车轮的理论转角为 7.6°）的动态响应曲线如图 5-16 所示。从图 5-17 中可以看到，车轮转角的响应速度较慢，3.5s 之后才能进入稳定状态，显然系统无法满足转向系统对响应的要求。如图 5-17 所示是车轮转向角速度的阶跃响应曲线，在车轮转角进入稳定状态前，车轮的转向角速度有较大的波动。因此有必要采用控制算法提高系统的响应速度和控制精度。

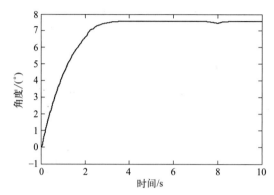

图 5-16　车轮转角对方向盘角阶跃输入 180°的动态响应曲线

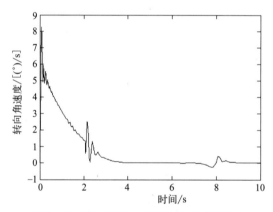

图 5-17　车轮转向角速度的阶跃响应曲线

5.6　转向系统的 PID 调节

5.6.1　PID 算法基本概念

PID 控制算法是一种普遍采用的控制方法，对大多数控制系统都具有广泛的适用性。它具有算法简单、鲁棒性好和易于工程实现等优点。常规的 PID 控制算法原理如图 5-18 所示。

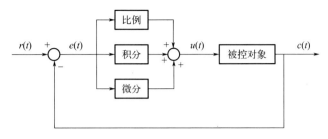

图 5-18　常规的 PID 控制算法原理

根据给定值 $r(t)$ 与实际输出值 $c(t)$ 构成控制偏差

$$e(t)=r(t)-c(t) \tag{5-27}$$

将偏差的比例（P）、积分（I）和微分（D）通过线性组合构成控制量，对被控对象进行控制，故称 PID 控制。其控制规律为

$$u(t)=K_{\mathrm{P}}\Big[e(t)+\frac{1}{T_{\mathrm{I}}}\int_0^t e(t)\mathrm{d}t+T_{\mathrm{D}}\frac{\mathrm{d}e(t)}{\mathrm{d}t}\Big] \tag{5-28}$$

式中　K_{P}——比例系数；

T_{I}——积分时间常数；

T_{D}——微分时间常数；

$u(t)$——PID 控制器输出的控制量；

$e(t)$——PID 控制器输入的系统偏差量。

理想的 PID 控制算法的传递函数为

$$D(s)=\frac{U(s)}{E(s)}=K_{\mathrm{P}}\Big(1+\frac{1}{T_{\mathrm{I}}s}+T_{\mathrm{D}}s\Big)=K_{\mathrm{P}}+K_{\mathrm{I}}\frac{1}{s}+K_{\mathrm{D}}s \tag{5-29}$$

式中　K_{I}——积分系数，$K_{\mathrm{I}}=\dfrac{K_{\mathrm{P}}}{T_{\mathrm{I}}}$；

K_{D}——微分系数，$K_{\mathrm{D}}=\dfrac{K_{\mathrm{P}}}{T_{\mathrm{D}}}$。

由式（5-25）和式（5-26）可知，PID 控制器的输出由三项组成，分别为比例控制、积分控制和微分控制，所以 PID 控制器也称为三项控制器。PID 控制器中的三项控制作用是相互独立的。

（1）比例环节

即时成比例地反映控制系统的偏差信号 $e(t)$，偏差一旦产生，控制器立即产生控制作用，以减少偏差，提高控制精度。但单一的比例控制无法彻底消除静差，而且，随着增益的增加，系统动态品质会变差，最后将直接影响系统的稳定性。

（2）积分环节

主要用于消除净差，提高系统的无差度。积分作用的强弱取决于积分时间常数 T_{I}、T_{I} 越大，积分作用越弱，反之则越强。但积分作用也会使振幅衰减缓慢，甚至使系统不稳定。

（3）微分环节

能反映偏差信号的变化趋势（变化速率），并能在偏差信号值变得太大之前，在系统中引入一个有效的早期修正信号，从而加快系统的动作速度，减少调节时间。虽然微分控制不直接影响静差，但它增加了系统的阻尼，因而允许采用较大的开环增益值，有助于稳态精度的改善。但是，由于微分环节是基于偏差变化速度的，因此不能单独使用，而是和比例环节、积分环节结合到一起。

PID 中三项控制作用相互独立，而系统的动态特性和稳态特性则是三者综合作用的结果，只有当参数 K_P、K_I 和 K_D 合适时才能获得满意的响应。

5.6.2　基于 PID 控制的系统仿真

很多专家学者对 PID 控制参数的选择进行了深入的研究和探讨。实际上，对控制参数的选择就是根据控制指标对控制参数进行寻优的过程。Ziegler 和 Nichols 最早提出了 PID 控制参数的调整法则，这些法则是在阶跃响应的基础上，或者是在仅采用比例控制作用的条件下，根据临界稳定性中的 K_P 值建立起来的。齐格勒-尼柯尔斯调节法则，给出的是参数值的一种合理的估值，并且提供了一种进行精细调节的起点，而不是在一次尝试中给出 K_P、K_I 和 K_D 的最终设置。因此，还需要对控制参数进行进一步的调整才能获得满意的动态品质。

经过多次分析对比可知，当 $K_P=7.8$、$K_I=19.5$ 和 $K_D=0.546$ 时，系统的响应比较理想。如图 5-19 所示是加入 PID 控制算法后，车轮转角对 180°方向盘角阶跃信号的响应曲线。从图 5-19 中可以看出，转向系统的响应特性得到了较大的改善，转向系统在 0.6s 后即进入稳定状态。如图 5-20 所示是加入 PID 控制算法后，车轮转向角速度对 180°方向盘角阶跃信号的响应曲线。从图 5-20 中可以看出，车轮在转向过程中，速度变化平滑，动态特性得到了极大的提高，速度波动基本消失。

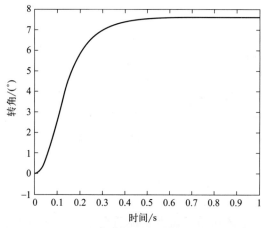

图 5-19　车轮转角对阶跃信号的响应

如图 5-21 和图 5-22 所示分别为车轮转角及转向角速度对转向盘 180°/s 斜坡输入（对应车轮的理论转向角速度为 7.6°/s）的动态响应曲线。由图中可以看出，在转向的前 1.5s 内，响应有些滞后，最大滞后角度为 2°左右，这是由于受

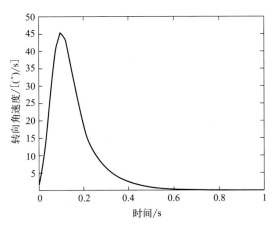

图 5-20　车轮转向角速度对阶跃信号的响应

到比例阀响应能力、管路长度和压力波传播等因素的影响造成的。随着转角的增大，滞后角度逐渐缩小。

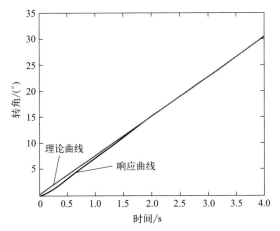

图 5-21　车轮转角对 180°/s 斜坡信号的响应

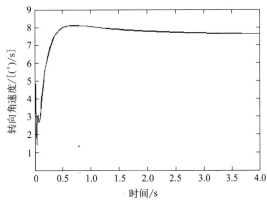

图 5-22　车轮转向角速度对 180°/s 斜坡信号的响应

　　通过对线控四轮转向系统动态特性的仿真，可以看出，加入 PID 控制算法后，转向系统的动态响应特性完全能够满足车辆自动转向性能的需要。

5.7 无人驾驶汽车实现线控转向的关键技术

无人驾驶汽车自动转向技术涵盖了现代检测技术、多网络通信、控制科学与工程等多个领域，它是综合了多个学科领域知识的产物。其关键技术主要包括以下内容。

（1）环境感知技术

环境感知技术指的是智能汽车感知并理解车辆周围环境，包括对路面车道线、标识标线、路侧交通标志、其他的车辆、行人、静态障碍物的检测与跟踪等。环境感知的结果用于智能汽车局部路线规划。目前，环境感知所依赖的传感设备可以分为主动式传感器和被动式传感器两种。主动式传感设备指的是该设备自身向外界发出信号，同时接收环境反射回来的自身的感知信号，比如激光雷达、超声波等。该类设备具有受环境影响较小，测量结果精度高等优点，但是也存在着同类传感器之间容易相互干扰的问题。被动式传感设备主要是摄像机。早期对于智能汽车的研究多数都是通过计算机视觉的技术来感知周围的环境，一般都是采用多台摄像机进行组合，通过摄像机所获得的图像中的点与真实环境中的物体建立对应关系的方式来进行环境感知。被动型传感器具有信息量丰富、相互之间不会干扰的优势，但是也存在着受环境影响较大，对计算性能要求较高的缺点。

（2）定位与导航技术

智能汽车在行进的过程中必须实时确定自身所在的位置和航向，然后依据全局地图和路径规划来不断修正自己的行驶目标位置。定位技术主要包括相对定位和绝对定位两种方式。相对定位方式指的是智能汽车依靠轮速传感器、里程计、惯性导航器件等传感器实现的相对于起点的定位方法。该方法具有输出频率高、无须外部信号接入等优点，但是存在着漂移误差。并且智能汽车运动的距离越远，漂移的误差越大，且无法进行自我修正，必须依靠绝对定位的方式进行修正。绝对定位方式主要是指通过 GNSS（Global Navigation Satellite System）、电子指南针等传感器进行定位，目前在智能汽车上应用比较广泛的就是美国的 GPS。民用级别的 GPS 定位精度可以达到米级，通过差分技术，可以将定位精度提高到厘米级。若 GPS 接收机配备双天线，还可以获得当前的航向信息。GPS 的使用容易受到建筑物、树木和立交桥的影响。电子指南针是通过检测地磁场来确定自身朝向的传感设备，该设备可以独立输出当前朝向相对于正北方向的偏角，且民用芯片已经可以达到 0.1° 的精度。但是，电子指南针极易受到周围环境中磁场的干扰。目前，多数的智能汽车平台都采用绝对定位和相对定位相结合的方式进行组合定位，采用 GPS 对惯导的数据进行修正。

导航技术主要包括全局路径导航和局部路径导航两部分。其中全局路径导航指的是当设定了行驶的终点之后，智能汽车通过定位设备获得自身的位置，并加载高精度地图，通过路径搜索算法计算出从当前位置到终点之间的路径。而局部路径导航指的是当车辆在行进的过程中，通过相机和激光雷达实时检测车辆前方的道路和障碍物信息，并规划出合理的路径来绕过这些障碍。

（3）行为决策技术

智能汽车的行为决策技术主要是依据当前时刻车辆的周围环境，如道路状况信息、道路限速信息等进行行为任务的决策，并在此基础上，根据事先建立的知识库进行最优决策，进而实现路径规划、速度加减、超越车辆、跟随车辆、停车等功能的优化选择。目前常用的决策方法有仲裁式和命令融合式。其中仲裁式对复杂环境下的未知情况无法进行处理，而命令融合式方法需要消耗大量的计算资源。两者均不能很好地满足当前对智能汽车智能化程度的要求。

（4）车辆运动控制技术

车辆运动控制技术指的是通过合适的控制策略使得车辆平台跟随行为决策层输出的目标轨迹进行运动。车辆平台的运动控制可以分解为纵向速度控制和横向控制两部分，两者之间存在着一定的耦合关系，但是可以通过解耦的方式对其分别进行控制。因为目前多数智能汽车是面向有乘员设计的，所以车辆运动的控制算法必须充分考虑车内乘员的舒适度。

轨迹跟踪控制是无人驾驶车辆热门的研究领域，使车辆按照规划出的期望轨迹行驶，一般将车辆的控制分为侧向控制和纵向控制。侧向控制为通过调节转向执行机构完成车辆侧向上的轨迹跟踪，并体现在车辆的前轮转角上；纵向控制为通过调节加速踏板信号和制动踏板信号，实现纵向路径跟踪的同时，保证车辆不发生侧滑，即横向路径的可跟踪性。

目前轨迹跟踪控制首先对车辆的横向运动和纵向运动解耦，然后分别对其进行控制，主要的轨迹跟踪算法包括：PID 控制、LQR(linear quadratic regulator，线性二次型调节器) 控制、预瞄跟踪控制和模型预测控制等方法。PID 控制由于其结构简单，不依赖被控对象等优点，在各领域应用十分广泛，但其动态调节能力差，对于车辆非线性系统的控制效果一般。

LQR 算法是基于最优化思想建立的反馈算法，方法简单且易于实现，但该算法对于控制模型的精度要求高，在车辆实际行驶过程中，由于环境和参数的不确定性，LQR 算法有时难以得到最优解。

目前预瞄理论的路径跟踪控制算法主要是基于最优预瞄控制理论进行改进设计而来的。预瞄理论的原理为通过车辆前方某一预瞄点的位姿偏差等信息，结合被控车辆当前状态进行车辆控制，实现对期望轨迹的跟踪，即通过未来信息修正当前操作。但该算法对车辆本身的运动状态约束及道路限制问题考虑较少。将模型预测控制应用到轨迹跟踪中，通过预测模型在未来一段时间内的输出，并反馈校正；该方法在求解控制量时能合理考虑车辆的运动学和动力学约束，但也存在计算量大和求解效率低等问题。

第
6
章

线控制动系统

电动汽车由于没有发动机提供液压制动或气动制动的动力源（例如纯电动汽车、燃料电池汽车等），因此传动的制动器应用在这类新能源汽车上时需要额外增加液压泵或空气泵，为了维持制动压力，还需要增加蓄能装置，这就导致了成本和能耗大大提高，且增加了系统的体积，影响到车辆底盘布置安装，因此在无人驾驶汽车电动底盘上的制动系统升级是必然趋势。

6.1 车辆制动要求

针对驾驶条件下，实时感知当前路面附着特性及周围车辆相对状态，需要满足车辆紧急制动状态的极限值，即最短制动距离、最大制动减速度及车辆制动稳定性。在欧盟制动法规 71/320/EWG 中，不考虑驾驶员反应时间，制动距离 s' 计算公式为

$$s' = v_A\left(t_a + \frac{t_s}{2}\right) + \frac{v_A^2}{2(-\ddot{x}v)} \tag{6-1}$$

式中　t_a——制动系统协调与响应时间；

　　　t_s——制动力增长时间。

表 6-1 列出的欧盟制动法规，是基于干燥路面上（$\mu_h = 0.8$），即不发生侧滑的附着条件，对于较小附着系数 φ_a 条件下的两轴汽车，其相对减速度 a 欧盟制动法规也作了补充规定，如式（6-2）所示。在路面附着系数较小时，允许车辆制动距离较长，欧盟制动法规对客运车辆、货运车辆等车型也做了具体界限值。

$$a \geqslant 0.1 + 0.85(\varphi_a - 0.2) \quad 0.2 \leqslant \varphi_a \leqslant 0.8 \tag{6-2}$$

表 6-1　基于欧盟标准的车辆制动相关法规

行车制动系统		小轿车	客车	货车（按载重分类）	
				$m_{max} < 3.5t$	$m_{max} \geqslant 3.5t$
测试初速度 $v_A/(km/h)$		80	60	80	60
制动距离 s/m	$\leqslant$	$0.1v_A + \dfrac{v_A^2}{150}$	$0.15v_A + \dfrac{v_A^2}{130}$	$0.15v_A + \dfrac{v_A^2}{130}$	通过欧盟制动距离标准公式(6-2)与式(6-1)联立求解
制动踏板力 F_p/N	$\leqslant$	500	700	700	
$t_a + t_s/2/s$	$\leqslant$	0.36	0.54	0.54	
减速度 $|\ddot{x}v|/(m/s^2)$	$\geqslant$	5.8	5.0	5.0	

典型车辆制动场景主要为正常制动、曲线制动、上下坡持续制动、紧急制动及雨天制动等。考虑到针对不同制动场景下感知需求参数的不同，无人驾驶车辆制动行为存在一定差异，具体描述如下。

（1）直线正常制动

在路况良好、无障碍物时，根据路面附着特性等外部客观因素确定不超过限速的极限行驶速度，考虑驾驶员反应时间、制动系统反应时间及路况等因素确定极限制动距离，以经济性、舒适性为评价指标确保车辆制动稳定性。在高

度智能化交通环境下无交通法规限速，根据当前路面状况附着特性由自身测距雷达性能以及刹车系统性能确定巡航最高车速，达到交通资源利用最大化。在路况良好时，根据交通环境与路面状况综合确定无人驾驶汽车最高可运行车速。

(2) 曲线-超高制动

车辆在曲线路段行驶时，由于线形变化及横向不平整度（车辙因素），车身可能发生不正常偏移，导致行车轨迹偏离弯道中线，从而造成车辆失控发生侧滑、侧翻现象，驾驶员需要根据路线线形变化实时进行转向控制与制动。在无人驾驶汽车制动过程中应合理控制方向盘转角，提高车辆对弯道周围路况识别能力，保持安全距离与车速，确保左、右车轮制动力平衡。

(3) 上、下坡制动

车辆在长大上坡、下坡行驶时常常持续制动，制动器频繁作用，随着坡长增加，制动器温度不断升高，热衰退特性会导致车辆制动力不足、制动失效，此时要以制动效能为主要评价指标，保持制动性能达到理想效果并不发生侧翻。

(4) 紧急制动

车辆在高速行驶情况下紧急制动会对汽车和轮胎有较大损伤，由于左、右轮制动力矩或路面附着系数有差异，可能造成汽车摆头、转向失控或侧滑，故以安全性为评价指标确保车辆制动稳定性。无人驾驶条件下，基于当前路面附着特性，综合考虑与前车相对位置、本车车速、制动系统性能等客观条件确定临界危险紧急制动距离。

(5) 雨天制动

雨天条件下，车辆在湿滑路面上行驶时，由于胎/路接触面积变化，路面附着系数存在差异，使得车辆在制动时易发生侧滑、水漂现象，因此以考虑车身横向偏移为主要因素来评价辆制动稳定性。基于当前路面附着特性，综合考虑与前车相对位置、车速、相对车速及制动系统性能等客观条件，确定安全跟车距离与行驶速度。

6.2 无人驾驶车辆制动原理

根据车辆制动原理，路面所提供的最大制动减速度为，在峰值附着系数状态下，预测路面峰值附着系数作为制动系统压力阈值可以实现最大制动力的极限制动。因此，考虑路面实时附着特性有助于准确计算所需制动压力控制量，从而实时判断车辆自身安全状态。

无人驾驶汽车没有方向盘和制动踏板，施加在从轮缸上的期望制动压力值就是车辆 ECU 控制系统根据周围环境实时向无人驾驶车辆发送命令，来保证无人驾驶车辆安全行驶。其中，期望制动压力取决于期望加速度与实时车速。

利用实时识别的路面峰值附着系数获得期望制动加速度，通过逆制动系统模型将期望制动加速度转化为期望制动压力阈值，无人驾驶车辆 ECU 控制系统通过制动踏板模拟器计算所需制动压力，由制动执行机构判断当前车辆所处的制动场景并发出制动信号给压力控制器快速响应，由车轮上的制动器实时输出实际制动力作用到轮胎上,实现车辆自动制动过程(图 6-1)。

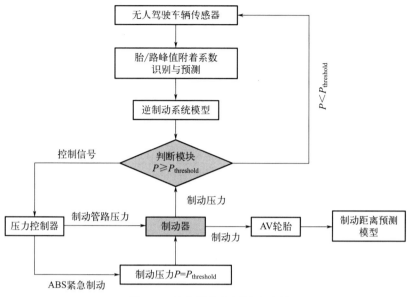

图 6-1 无人驾驶车辆制动过程

当出现紧急制动时,无人驾驶车辆 ECU 根据当前路面状态判断所需制动力是否大于期望制动压力阈值。如果车辆所需制动压力大于阈值,则压力控制器直接控制阀门开度,将制动器轮缸压力保持与阈值一致,实现基于路面实时附着特性的最大制动力防抱死制动,以此体现无人驾驶车辆自动避撞的优势。

6.2.1 无人驾驶车辆制动系统的控制架构

为便于功能分解、任务分配及后续新功能的扩展,无人驾驶车辆制动系统基于如图 6-2 所示的模块化和分层控制结构,包括状态参数估算模块、无人驾驶车辆制动系统的下层执行模块和无人驾驶车辆制动系统的上层控制模块。

状态参数估算模块根据输入的 CAN 信号和硬线信号,对整车质量、路面附着、路面坡度及轮胎力等关键状态参数进行估算,为主动制动系统上层控制模块提供必要的车辆状态信息。

压力估算模块和压力控制模块为主动制动系统的下层执行模块。压力估算模块根据主缸压力及 ESC 的阀和电机控制指令对轮缸压力做出估算,一方面用于制动力矩估算,为车辆状态参数估算提供必要的信息输入,另一方面输入压力控制模块,实现对轮缸压力的闭环控制。压力控制模块根据上层的目标轮缸压力控制指令控制 eBooster 或 ESC 输出相应的电机和阀指令,以实现目标压力跟随。

无人驾驶车辆制动系统控制模块和制动力协调与分配模块为主动制动系统的上层控制模块。主动制动系统控制模块压力估算模块,根据输入的行车制动和驻车制动请求计算目标纵向力,制动力协调和分配模块根据路面附着等输入将目标纵向力转化为四个轮缸的目标压力,以实现控制指令跟随。

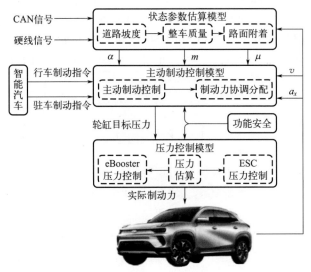

图 6-2　主动制动系统整体控制结构

功能安全模块实时监测执行机构和输入信号状态，出现故障时进行功能降级和信号报警，提高主动制动的可靠性和安全性。

6.2.2　无人驾驶车辆制动系统的下层执行模块

如图 6-3 所示，无人驾驶车辆制动系统的下层执行模块的功能是根据上层的目标轮缸压力控制指令控制 eBooster 或 ESC 输出相应的电机和阀指令，以实现目标压力跟随。

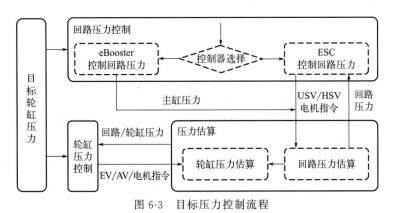

图 6-3　目标压力控制流程

无人驾驶车辆制动系统的具体执行部分为 eBooster＋ESC 的线控制动系统，根据故障监测模块信息选择由 eBooster 或者 ESC 主动制动来控制回路压力。由 eBooster 执行控制回路压力时，可直接根据主缸压力传感器获得回路压力值，eBooster 根据主缸压力反馈值控制永磁同步电机，实现回路压力闭环控制。由 ESC 执行控制回路压力时，无法通过主缸压力传感器获取回路压力值，需要回路压力估算模块根据上周期的 USV、HSV 和 ESC 电机指令对回路压力进行估算，ESC 根据回路压力估算值控制 USV、HSV 和 ESC 电机，实现回路压力闭环控制。轮缸压力控制需要由 ESC 完成，轮缸压力估算模块根据上周期的估算压力、回路压力及 EV、AV 和 ESC 电机指令对轮缸压力进行估算，ESC 根据回路压力估算值、轮缸压力估算值控制 USV、HSV 和 ESC 电机，实现轮缸压力闭环控制。

6.2.3 无人驾驶车辆制动系统的上层控制模块

无人驾驶车辆制动系统的上层控制模块包括主动制动系统控制、制动力协调及功能安全。制动系统控制和制动力协调根据不同功能的输入请求分别计算目标纵向力，经制动力协调与分配模块转换为四个轮缸的目标压力控制行车制动和驻车制动，以响应智能汽车控制指令。

如图 6-4 所示，根据各功能的控制目标将诸多功能分成三类：以车速为控制目标的速度类功能，以车辆减速度为控制目标的减速度类功能，以保持车辆静止为控制目标的驻车类功能，部分减速度类功能在车辆静止后也有驻车需求。针对三类功能分别设计模糊 PI 反馈控制器、前馈＋模糊 PI 反馈控制器和驻车控制器，分别控制车辆的行车速度、动态减速度及静态驻车，将输出的目标纵向力进行分配并转换为车轮目标压力，最后与 ABS 和 EBD 的目标压力协调输出最终的目标压力，实现车辆的行车制动和驻车制动目标。

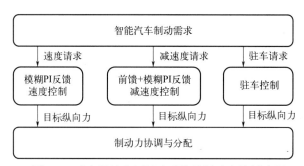

图 6-4　无人驾驶车辆制动系统的制动力控制流程

功能安全模块的功能是实时监控主动制动系统信号层和执行层的有效状态，包括执行机构备份控制与信号故障监测。如图 6-5 所示，系统上电后实时监测执行器 eBooster 和 ESC 故障状态，并在主制动系统 eBooster 发生故障失效后启

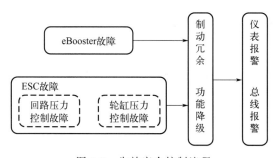

图 6-5　失效安全控制流程

用 ESC 主动制动控制回路压力，保障制动系统的主动制动功能。根据各故障对不同功能的影响制定功能降级策略，提高主动制动的可靠性和安全性，同时在各类故障发生时输出报警信号。

6.3 线控制动技术

线控制动技术目前常见的有两种解决方案，即电子液压制动系统（EHB）和电动机械制动系统（EMB），如图 6-6 所示。

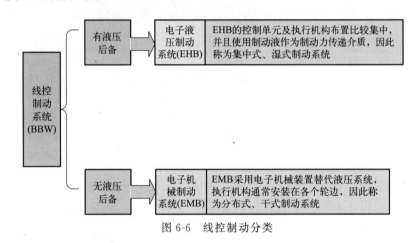

图 6-6　线控制动分类

6.3.1　电子液压制动系统

电子液压制动系统是在传统的液压制动器基础上发展而来的，EHB 操纵机构用一个电子式制动踏板替代了传统的液压制动踏板，具有备用制动系统，产品安全性及用户可接受度较高，是当前线控制动的主流技术方案。典型的 EHB 由传感器、电子控制单元（ECU）、执行器机构等部分构成。EHB 总体布置方案，如图 6-7 所示。

eBooster 建压单元的作用是提供制动助力，给制动回路建压。模拟腔与踏板感模拟器的作用是保证制动时与传统真空助力制动时踏板感相似。具体工作流程为：驾驶员踩下制动踏板时，行程传感器采集推杆行程，根据预先设计的行程与主缸压力关系模型得到目标主缸压力，建压单元以此来控制电机工作，挤压建压腔进而给增压腔增压，再由第一腔和第二腔给制动回路建压。通过控制液压单元（hydraulic control unit，HCU）隔离阀、进液阀、供油阀和出液阀的工作状态可以实现各个轮缸的增压、减压和保压。制动管路中蓄能器的作用是暂时存储减压时从轮缸排出的制动液，保证轮缸可以迅速减压。制动管路中单向阀的作用是控制管路中制动液的流动方向以及保证每个电磁阀两侧的液压差。制动管路中电机和回油泵的作用是与回油泵两侧单向阀配合，将单向阀一侧的液压油泵入另一侧。

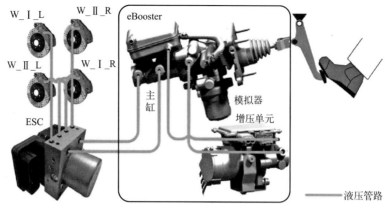

图 6-7　EHB 总体布置方案

该系统与 EMB 相比，采用现有的车载 12V 电源，不需要改变电路系统即可满足要求。成熟的液压部件被保留，可靠性及容错性更高，抗干扰性更强。

与 EHB 相比，在 eBooster 失效时 ESC 还可作为备份制动，满足 L3 级自动驾驶工况下的制动冗余需求。与非解耦的线控制动系统相比，可以实现能量回收。与全解耦的线控制动系统相比，eBooster 和 ESC 全部失效时，若驾驶员踏板力足够大，制动推杆克服解耦间隙使踏板力直接作用于制动主缸，提供机械制动。

线控制动制动系统总体原理如图 6-8 所示，当驾驶员踩制动踏板时，由踏板模拟器安装的位移传感器采集的信号，判断驾驶员意图，由建压单元推动副主缸建压，进而推动主缸给轮缸建压，实现车辆制动。

制动过程各器件动作顺序：制动踏板与制动推杆及推杆活塞连接，推杆活塞与主缸壁之间形成模拟腔，模拟腔与踏板感模拟器及油杯连通；增压活塞与主缸壁组成增压腔，增压腔与建压单元连通；增压活塞与主缸壁及浮动活塞之间形成第一腔，第一腔与油杯及第一管路连通；浮动活塞与主缸壁之间形成第二腔，第二腔与油杯及第二管路连通；电机与螺杆连接，建压活塞套在螺杆上且与建压单元壁之间形成建压腔，建压腔与油杯及增压腔连通。

如图 6-8 所示为 X 制动管路（Ⅰ代表第一管路、Ⅱ代表第二管路），第一管路连接前左轮和后右轮，第二管路连接前右轮和后左轮，两条管路共用 1 个电机，每条管路包括 1 个供油阀、1 个隔离阀、1 个回油泵、1 个蓄能器、2 个进液阀和 2 个出液阀，其中隔离阀和进液阀是线性阀且是常开阀，供油阀和出液阀是开关阀且是常闭阀。线性阀可以通过高频脉冲宽度调制（pulse width modulation，PWM）方法对通过电磁线圈的电流进行控制，从而调节电磁阀受到的电磁力。

6.3.2　电子制动系统

作为较为成熟的 EHB，iBooster 被很多新能源车采用，如图 6-9 所示为博世 iBooster 的结构。iBooster 可以与 ESP 系统相结合，提供车辆出于安全原因

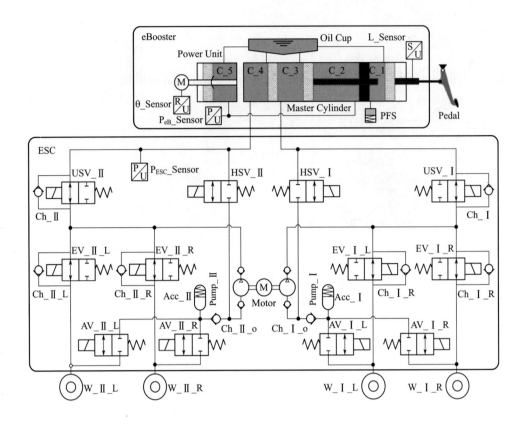

图 6-8 线控制动系统总体原理

Oil Cup—油杯；Master Cylinder—主缸；Power Unit—建压单元；P_{eB_Sensor}—eBooster 压力传感器；P_{ESC_Sensor}—ESC 主缸压力传感器；θ_Sensor—eBooster 电机转角传感器；L_Sensor—eBooster 制动推杆行程传感器；Pedal—制动踏板；PFS—eBooster 踏板模拟器；C_1—模拟腔；C_2—增压腔；C_3—第一腔；C_4—第二腔；C_5—建压腔；Motor—电机；Pump(Pump Ⅰ、Pump Ⅱ)—回油泵；USV（USV Ⅰ、USV Ⅱ）—隔离阀；HSV（HSV Ⅰ、HSV Ⅱ）—供油阀；EV（EV Ⅰ_L、EV Ⅰ_R、EV Ⅱ_L、EV Ⅱ_R）—进液阀；AV（AV Ⅰ_L、AV Ⅰ_R、AV Ⅱ_L、AV Ⅱ_R）—出液阀；Ch（Ch Ⅰ、Ch Ⅱ、Ch Ⅰ_L、Ch Ⅰ_R、Ch Ⅱ_L、Ch Ⅱ_R、Ch Ⅰ_o、Ch Ⅱ_o）—单向阀；W（W Ⅰ_L、W Ⅰ_R、W Ⅱ_L、W Ⅱ_R）—轮缸

所需的制动系统冗余。两个系统在制动器上都有直接的机械推送机构，可以在整个减速范围内独立制动车辆，及时反映驾驶员意图，并提供再生制动。其工作过程如下。

① 当驾驶员踩下制动踏板时，车辆根据制动踏板行程及汽车加速度信号计算前、后轴制动力，参考车辆运动、电机及电池状态参数，计算出制动助力期望值。

② iBooster 控制单元进行制动力仲裁，控制电机运动，并将助力传递给制动主缸推杆。

③ 制动系统的液压控制单元进行前、后轴制动压力分配，并传给制动轮缸。

④ 当制动减速度小于某个阈值时，电机控制器控制电机进行再生制动。再生制动力可随车速、电机转速、电池容量等参数实时变化调整。

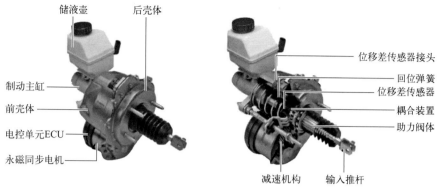

图 6-9　博世 iBooster 的结构

iBooster 在与博世 ESP 的配合下，几乎可以做到百分之百的能量回收，同时可以加入滑行等节油功能。制动能量回收的过程是利用电机反向拖转产生能量，并给电池充电。但是电机的拖转扭矩并不是非常稳定，而驾驶员希望减速度是非常稳定且非常线性的。由于电机拖转产生的扭矩随着车速变化非常敏感，驾驶员在制动的时候感觉减速度非常不稳定，会影响制动的信心。由于 iBooster 系统中驾驶员踩下的制动踏板行程和踏板力与实际制动管路的压力是独立的，因此在再生制动过程中可以计算出驾驶员希望得到的减速度，优先使用电机拖转进行制动，如果不够则使用液压制动进行补偿。这样就实现了最大限度的制动能量回收，同时满足了驾驶员的制动需求。

iBooster 的机电设计也为驾驶员辅助系统提供了许多好处。使用电机，iBooster 可以独立建立压力，无须驾驶员踩下制动踏板。与典型的 ESP 系统相比，所需制动压力的建立速度快了 3 倍，并通过电子控制系统以更高的精度进行调整，这为自动紧急制动系统提供了显著的益处。在紧急情况下，iBooster 可在约 120ms 内自动建立全制动压力。这不仅有助于缩短制动距离，而且如果碰撞不可避免，也有助于降低碰撞速度和对所有相关方造成伤害的风险。此外，当自适应巡航控制（ACC）处于激活状态时，iBooster 可以确保舒适地减速，直至车辆达到静止状态，并且在该过程中几乎不会产生噪声或振动。

EHB 采用电子机械执行机构代替了液压管路，所有的液压装置，包括主缸、液压管路、助力装置等均被电子机械系统替代，液压盘和鼓式制动器的调节器也被电机驱动装置取代，执行机构直接安装在轮边，与制动盘直接相连。如图 6-10 所示为 EHB 的原理。EHB 是名副其实的线控制动系统，相较于传统的制动系统，EMB 具备许多优点：①体积小，结构简洁，布局灵活；②制动迟滞小，能有效减小制动距离；③制动压力调节平稳，能够实现更为稳定的 ABS/TCS 控制；④无须制动液，系统重量轻并且比较环保；⑤可通过软件配置各种制动模式，控制方式灵活；⑥易于实现再生制动。

EHB 具有容错性，EHB 需要可靠的电源、容错通信协议（即 TTCAN 和 FlexRay）以及一定程度的硬件冗余等功能。与电动液压制动（EHB）一样，EMB 旨在改善与其他车辆系统的协调控制，从而使牵引力控制和车辆稳定性控制等高级功能更简单地集成。

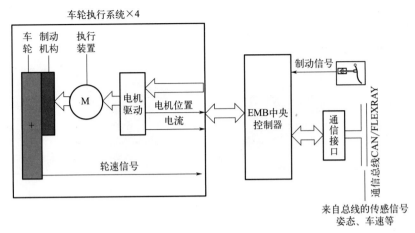

图 6-10　EHB 的原理

6.4　电动汽车液压制动元件和系统动态分析

6.4.1　液压压力控制阀的平衡

电动汽车全液压制动系统中，液压压力控制阀阀芯受力如图 6-11 所示。当工作流量通过测量节流口的时候会产生一个压降 Δp，这个压降基本上与介质的黏度无关（因节流口为薄刃形式），而与节流口的直径及通过节流口的流量有关。由这个压降 Δp 所产生的力会推动阀中的阶梯形阀套运动，从而使控制油可以到达控制泵的方向阀；在这个流道中，控制压力 p_2 作用在环行面积 A_2 上，反向推动阀套。

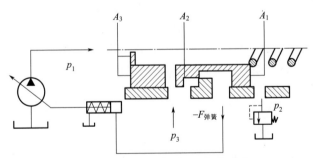

图 6-11　液压压力控制阀阀芯受力

阀套的力平衡关系式如下。

$$A_1 p_1 = A_2 p_2 + A_3 p_3 + F_{弹簧} \tag{6-3}$$

式中　A_i——面积，m^2，$i = 1,2,3$；

　　　p_i——压力，MPa，$i = 1,2,3$；

　　　$F_{弹簧}$——弹簧反力，N。

6.4.2 制动阀的动态分析

制动阀是一个电控的换向阀。在制动过程中，它将控制信号转换成制动器的制动信号。它具有结构紧凑、流通阻力小、换向平稳、通用性能好等优点。

制动阀结构示意如图 6-12 所示。

节流口的流量公式为

$$q_L = C_d \varpi x_v \sqrt{\frac{2}{\rho} \Delta p} \qquad (6\text{-}4)$$

式中　C_d——流量系数；

ϖ——阀口面积梯度；

x_v——阀芯的位移；

ρ——油液密度；

Δp——阀入口与出口间的压力差，$\Delta p = p_a - p_L$，p_a 为阀入口处压力，p_L 为阀出口处压力；

q_L——阀的出口处流量。

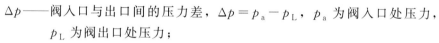

图 6-12　制动阀结构示意

上述制动阀的流量-压力特性呈非线性关系，这是由于节流口的非线性特性造成的。为了方便分析液压控制系统，需要将踏板阀的非线性特性线性化。

当阀在某稳态工作点（工作点参数设为 x_{vs0}、Δp_{s0}）附近变化时，则可将式(6-4)做泰勒展开，并忽略高阶项得

$$q_L = k_q x_v - k_c \Delta p \qquad (6\text{-}5)$$

式中　k_q——流量放大系数，$k_q = C_d \varpi \sqrt{\dfrac{2}{\rho} \Delta p_{s0}}$；

k_c——流量-压力系数，$k_c = C_d \varpi x_{vs0} \dfrac{\sqrt{\dfrac{2}{\rho} \Delta p_{s0}}}{2\Delta p_{s0}}$。

6.4.3 制动管路的动态分析

管路包括钢管、胶管（钢丝编制液压管，内径 d_0）和管接头等。根据其特征和使用条件，建模时将胶管假设为一个等效刚性管路（内径增大为 $d_0 + \delta d_0$，内壁同胶管）；钢管假设为刚性管路（内壁光滑）。

根据电动汽车制动系统结构特点，建立管路的数学模型。

$$q_L = 2q_w \qquad (6\text{-}6)$$

式中　q_w——流入制动缸的流量。

$$p_L = p_w + \Delta p_g \qquad (6\text{-}7)$$

式中　p_w——制动缸的压力；

Δp_g——制动管道的压力损失。

6.4.4　制动缸的动态分析

电动汽车全液压制动系统的制动器通常采用湿式盘式制动器。制动油液推动油缸活塞运动，使制动衬块接触旋转中的制动盘，摩擦片与制动盘互相摩擦，产生制动力矩，达到的制动效果。

制动缸的结构示意如图 6-13 所示。

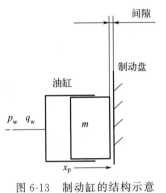

图 6-13　制动缸的结构示意

制动缸工作腔的流量连续方程为

$$q_w = A_p \frac{\mathrm{d}x_p}{\mathrm{d}t} + k_1 p_w + \frac{V}{K} \times \frac{\mathrm{d}p_w}{\mathrm{d}t} + \frac{A_p}{K} x_p \frac{\mathrm{d}p_w}{\mathrm{d}t}$$

（6-8）

式中　A_p——制动缸活塞有效工作面积；

$\quad\quad k_1$——制动缸工作腔泄漏系数；

$\quad\quad K$——油液体积模量；

$\quad\quad V$——制动缸工作腔及进油管内油液的初始体积；

$\quad\quad x_p$——活塞位移。

根据活塞受力平衡方程可得

$$A_p p_w = m \frac{\mathrm{d}^2 x_p}{\mathrm{d}t^2} + k_B x_p$$

（6-9）

式中　m——液压缸所驱动的工作部件质量（包括活塞、制动衬块等）；

$\quad\quad k_B$——活塞密封圈对活塞的阻力系数（主要是弹性形变引起的）。

6.4.5　系统的动态分析

为便于进行整个系统的动态特性分析，对制动系统的示意图进行了简化，如图 6-14 所示。

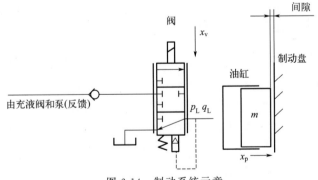

图 6-14　制动系统示意

液压泵通过充液阀向蓄能器供油，蓄能器的充液过程很短，一般不超过 2s。正常制动时，由蓄能器直接向制动油缸供油，蓄能器充液完毕后能单独为制动系统提供近 11 次的有效制动。在对制动系统进行动态分析时，不分析液压泵对制动系统的影响。

根据全液压制动系统工作过程，可以将其分为如下两个阶段。

（1）活塞运动阶段

当踩下踏板阀时，油路接通。蓄能器中的油液进入制动油缸，推动活塞移动，迅速消除制动器的制动间隙。整个运动阶段由踩下制动踏板开始，到制动衬块接触制动盘为止。

（2）制动油压建立阶段

制动衬块碰到制动盘瞬间，会导致制动缸中油液冲击，并引起瞬间的压力升高。制动缸中油压在瞬间的压力波动之后，会迅速而平稳地增加，直至油压逐渐稳定。

6.5 制动能量回收影响因素分析

车辆在能量回收过程中会受到很多因素的影响，针对能量回收的影响因素展开研究，为设计能量回收控制策略提供了研究基础。

（1）车辆行驶状态及外界行驶环境

在制动过程中，车辆当前行驶状态、外界行驶路况及温度条件对制动能量回收都存在着一定的影响。当汽车行驶车速过低时，驱动电机可用转矩较大，但电机转速较小，无法达到电机发电的最低转速；当车速过高时，驱动电机可用转矩较小，车辆无法进行制动能量回收。当路面附着系数较低时，车辆发生横向或纵向失稳，车辆无法进行制动能量回收。当外界环境温度较低时，电池充电效率过低，难以实现制动能量回收。

（2）驱动电机特性

驱动电机是影响制动能量回收率的最重要因素，当电机所能提供的再生制动力占总汽车制动所需总制动力的份额越大时，制动能量回收率就越大。但电机最大再生制动转矩会受电机特性的影响，当电机在恒转矩区工作时，电机转速与电机的发电功率成正比；当电机在恒功率区时，电机转矩与电机转速成反比。

（3）蓄电池特性

蓄电池能够存储的制动能量会受到电池本身特性及电池荷电状态（SOC）的影响。由于蓄电池的温度与内阻有关，当驱动电机的充电电流过大时，会导致蓄电池的温度升高；当电池温度过高时，会降低蓄电池的充电效率，并对蓄电池的使用寿命造成一定的影响。此外，当蓄电池的荷电状态（SOC）超过90％时，将无法进行制动能量回收，以免出现电池过充，对电池造成损害。

（4）驱动形式

电动汽车的制动能量回收率也会受到驱动形式的影响。对于只有单轴驱动的电动汽车，驱动轴的制动力由液压制动力与电机制动力协调提供，非驱动轴的制动力仅由液压制动力提供，因此，既要实现较高的制动能量回收率，又要合理地分配前、后轴的制动力，保证车辆在制动过程中的安全性与稳定性，将大大增加制动能量回收控制策略的难度。对于四轮驱动的电动汽车，前轴和后轴都可以进行制动能量回收，制动能量回收率要优于单轴驱动的电动汽车。

(5) 制动能量回收控制策略

制动能量回收控制策略的作用是对液压制动力与电机制动力进行协调分配，以实现高效的制动能量回收。当车速过低导致驱动电机的发电效率过低、蓄电池当前的电量超过电池荷电状态（SOC）的门限值，或者车辆当前处于紧急制动工况时，将停止制动能量回收功能，以保证车辆的制动稳定性与行驶安全性。此外，合理分配前、后轴的制动力，以及各轴的液压制动力与电机制动力分配之比，在保证车辆制动稳定性与行驶安全性的前提下，尽可能多地回收制动能量。

第
7
章

分布式驱动系统

分布式驱动电动汽车底盘取消了发动机、离合器、变速器、传动轴、差速器、半轴等传动部件，驱动电动机直接安装在驱动轮内或驱动轮附近，各个车轮的驱动电机均独立控制，通过电机转矩的合理分配，充分利用电机高效区间，并结合回馈制动策略，能够提高车辆的经济性，该项技术也代表了今后无人驾驶汽车电动底盘驱动技术的发展方向之一。

7.1 分布式驱动系统结构

纯电动汽车根据驱动系统结构形式主要可分为单电机集中式驱动、分布式驱动。其中集中式驱动形式在结构上与传统车辆结构类似，需要利用传动装置将动力传递至驱动轮；而分布式驱动根据电机布置位置主要可分为轮边电机驱动和轮毂电机驱动。典型分布式驱动电动汽车底盘驱动结构如图7-1所示。

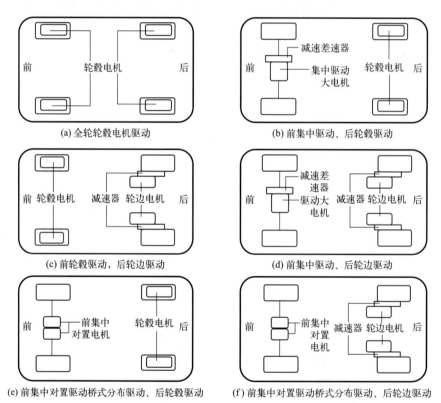

(a) 全轮轮毂电机驱动

(b) 前集中驱动、后轮毂驱动

(c) 前轮毂驱动，后轮边驱动

(d) 前集中驱动、后轮边驱动

(e) 前集中对置驱动桥式分布驱动、后轮毂驱动

(f) 前集中对置驱动桥式分布驱动、后轮边驱动

图7-1 典型分布式驱动电动汽车底盘驱动结构

分布式驱动电动汽车是在两轮及以上车辆上装备两台或两台以上驱动电机，每个驱动电机通过一定的传递路径将动力传递到各自对应的驱动轮。

分布式电动汽车在底盘布置上具有极大的灵活性，其能源和驱动电动机之间可采用软电缆连接，摆脱了传统机械传动的设计约束，节省了成本和布置空间。其底盘系统传动效率也得到进一步提高，并且更易于扩展成为多轴或多轮独立电驱动的底盘系统。多轴或多轮独立电驱动底盘系统可相对独立地对各车轮的驱动力和制动力进行灵活的分配和控制，非常易于在各种不同的驱动形式之间进行切换，以充分发挥和结合各种驱动形式的优势，甚至可以采用四轮独立电驱动车轮（产生互不相同的驱动力）的新型驱动形式，在不额外增加车辆动力学控制系统的情况下，实现多种车辆动力学控制功能，真正实现车辆动力学控制的电子化和主动化。

目前分布式电驱动系统大致可分为集中对置驱动桥和轮毂/轮边电驱动系统两大类。分布式驱动电动汽车组成、底盘驱动结构及其典型结构主要有以下方案，如图7-2所示。

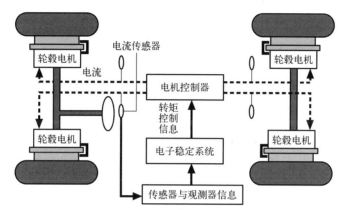

图 7-2　分布式驱动电动车组成

四轮独立电驱动车辆是一种典型的分布式电动汽车，主要依靠电动机及其控制系统完成车轮驱动功能，并由电动机辅助液压制动系统完成制动功能。电动机及其控制系统可以通过测量诸如电动机内部的电压和电流等物理量对电动机的转矩和转速进行更为准确的实时估计，这就为车辆动力学控制提供了更为优质的执行机构输出反馈，使得先进的控制理论和控制方法能够在车辆动力学控制中加以应用，以实现车辆运动的精确控制。

电动机的动力通过轮边变速器（或者直接）传到轮胎，可以实现四轮驱动和两轮驱动，如图7-3所示。

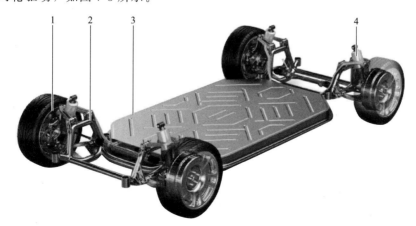

图 7-3　独立电驱动传动系统

1—电动车轮；2—悬架支架；3—电池及车架；4—悬架弹性元件

7.1.1 集中对置的轮边电机结构

  集中对置式电驱动系统的结构特点与集中电机驱动结构相似，两个驱动电机和两个减速器对置布置于车架，通过控制器独立驱动左右轮，典型研发案例为奥迪 R8 e-tron 驱动系统等，如图 7-4 所示。集中对置式电驱动总成布置于车架，其优点是没有轮毂电机带来的簧下重量增大问题，制造技术成熟，应用安装方便；缺点是传动系统仍需万向传动半轴，且分布电驱动总成仍占用一定的底盘空间。

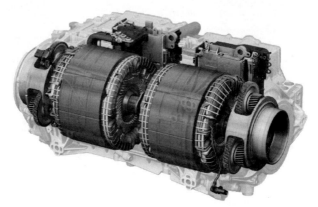

图 7-4　集中对置式电驱动系统

  电动轮系统是伴随电动汽车的发展而产生的，相比于单电机系统，电动轮系统没有了传动轴、差速器及其他传动机构的约束，因而整车布局灵活；中间传动部件的减少使电动汽车的传动效率更高，对电动汽车节能具有重要意义，可有效增加单次充电的续航里程；由于每个车轮的动力单独可控，因此车轮对驾驶员命令的响应更快，可有效提高整车的动力性能；机电系统的特性使电动轮系统对车轮的运动工况敏感，电机的运动参数可有效反映整车的运动工况。

  从图 7-5 中可以看出，电机系统主要由轮毂、减速器及电机三部分组成。与单电机驱动机构相比，电动轮系统使整车的簧下质量增加，整车的行驶稳定性及驾驶舒适性都有所下降，因而对电动轮系统来说，电机系统物理尺寸及质量的减少至关重要。而矛盾的是，电机系统的尺寸及质量的大小与电机的最大输出转矩密切相关。由电动轮系统的特点可知，电动轮系统需要有大的转矩，以提高对不同路面状况的适应能力。为使电机系统在保证大输出转矩的同时拥有较小的质量与尺寸，电机系统引入了减速装置。减速装置采用带有 K-H-V 型行星减速机构的摆线式减速器，这种设计不仅需要更小的空间，而且可以提供更大的减速比。为进一步减少能量损失，减速器内部齿轮与齿轮，以及齿轮与输出杆间均采用滚动轴承机构。电机的润滑系统是一个内循环机构，该机构通过电机输出杆的作用来保证内部循环系统的运行。润滑油流经电机罩、电机转子、减速器输入杆、电机及减速器的内部来对这些机构进行润滑，这些结构的内部都设计有润滑油的通道。

多轴负荷传感器

轮边电机　电控刹车

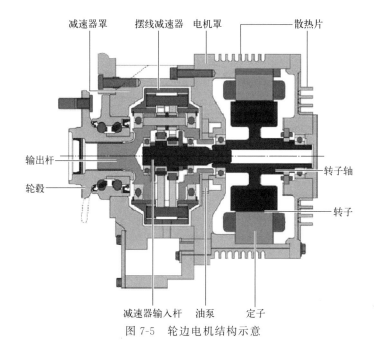

减速器罩　摆线减速器　电机罩　散热片

输出杆

轮毂

转子轴

转子

减速器输入杆　油泵　定子

图 7-5　轮边电机结构示意

润滑系统的另一个作用是对电机的转子与定子冷却。电机采用风冷机构，当润滑油流经电机罩时，会被电机罩外部的叶片所冷却。

根据轮边电机位置可分为电机固定式和电机摆动式。前者将轮边电机和轮边减速器固定于车架，后者将轮边电机和轮边减速器与悬架集成，如图 7-6 所示，主要特点是电驱动系统的等效簧下质量轻，可有效抑制系统簧下质量负效应。后者如图 7-7 所示，为电动客车驱动桥。

图 7-6　轮边电机-减速驱动结构

图 7-7　电动客车驱动桥

7.1.2　轮毂电机结构

轮毂/轮边电驱动系统由驱动电机直接或经由减速机构驱动车轮，在结构上简化或省略了传统的万向传动轴等部件，降低了车载自重，提高了底盘利用率和传动效率，以及对车轮控制的动态响应，是电动汽车的理想驱动形式。典型的轮毂/轮边电驱动机构如图 7-8 所示。其中，目前轮毂电机驱动的主要缺点是簧下质量显著增加，轮毂电机系统设计制造难度大。如何有效抑制轮毂电机簧下质量负效应，如何解决高效、高可靠、轻量化轮毂电机系统设计制造难题，如何降低轮毂电机系统成本，成为其核心关键问题。

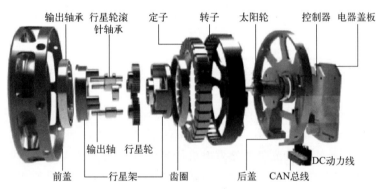

图 7-8　典型的轮毂/轮边电驱动机构

轮毂电机直接驱动结构多采用外转子电机，面向电动乘用车的轮毂电机最高转速为 1000～1500r/min，无须任何减速装置，电机外转子与车轮轮辋固定或者集成在一起，车轮转速与电机相同，其特点是低速大转矩输出；在结构上需要考虑与制动、悬架和转向系统等结构一体化设计；由于其载荷特点完全不同于传统车用驱动电机，因此在测试评价上需要开发设计不同于一般车用电机的加载试验方法。目前，高功率/转矩密度、高效率、高可靠的轮毂直驱电动轮总成成为全球研发焦点和竞争热点。特别是针对 A 和 A0 级电动乘用车的轮毂电机研发，由于其轮辋内空间十分狭小，导致轮毂电机电磁、结构和散热设计都趋于极限，且电机载荷矢量、摩擦制动热源、周边流场复杂多变，电动轮簧下质量剧增引发的振动冲击负效应凸显，因此，高性能电动轮总成开发与应用面临重大的技术挑战。

电动车轮是指直接将驱动电机安装在汽车的车轮里，主要有两种结构：一种是内定子外转子结构，外转子直接安装在车轮的轮毂上，由于这种结构没有机械减速器实现减速，通常要求采用低速、大转矩的电动机；另一种是一般的内转子、外定子结构，转子作为输出轴与固定减速比的行星齿轮变速装置的太阳轮相连，车轮轮毂与齿圈连接，这样可以提供较大的减速比，增大输出转矩。电动车轮结构示意如图7-9所示。

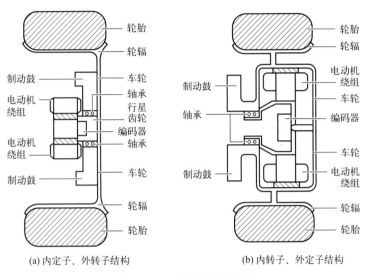

(a) 内定子、外转子结构　　　　　(b) 内转子、外定子结构

图 7-9　电动车轮结构示意

高速内转子型轮毂电机，通常被称为减速驱动型轮毂电机，其构造包括高速内转子电机以及减速行星齿轮机构两部分。该类型电机有如下优势：比功率、效率较高，电机重量轻、体积小巧，在汽车低速行驶的时候，它能够输出比较大的转矩。但它也有一些弊端，比如它需要另外配备减速机构，这样动力系统的质量就会明显增加。同时，由于驱动轮本身的空间极其有限，电机和转速机构如果都在其中布置，它的设计难度就会增加。

低速外转子轮毂电机，通常又被称为直接驱动型轮毂电机，这种电机省去了减速机构，所以在设计驱动轮、悬架方面就会简化，没有了减速机构的机械消耗，响应速度会有一定的提升，传动效率会更好。它的缺点是：输出特性应满足对应于不同工况的需求，这样势必会对其性能有较高的要求，从而导致成本大大提高。

如图7-10所示为电动车轮总成的结构。轮毂电机驱动系统的结构种类较多，不同公司有不同的设计方法。如图7-11所示为米其林公司采取的外转子轮毂电机-驱动器-内卡钳盘式制动器一体化结构示意；如图7-12所示为外转子轮毂电机与鼓式制动器的集成结构示意；如图7-13所示为轮毂电机-驱动器与鼓式制动器的集成示意，其主要用于无人驾驶的轮胎驱动。可见，轮毂直驱电动轮集成设计的技术发展趋势是驱/制动一体化集成设计。

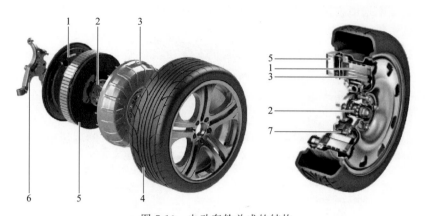

图 7-10　电动车轮总成的结构

1—定子；2—轴承；3—转子；4—车轮；5—磁芯与动力电控装置；6—悬架支架；7—制动器

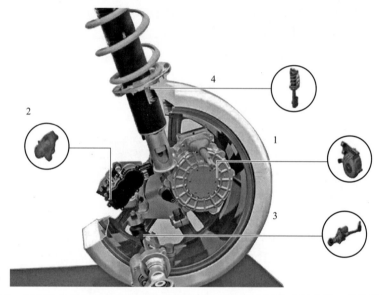

图 7-11　米其林公司采取的外转子轮毂电机-驱动器-内卡钳盘式制动器一体化结构示意

1—驱动电机；2—线控制动器；3—线控转向；4—电控悬架

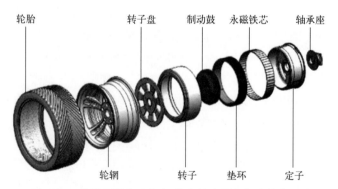

图 7-12　外转子轮毂电机与鼓式制动器的集成结构示意

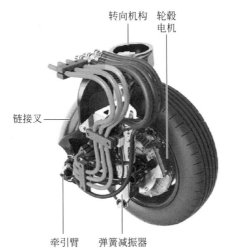

转向机构　轮毂电机

链接叉

牵引臂　弹簧减振器

图 7-13　轮毂电机-驱动器与鼓式制动器的集成示意

如图 7-14 所示为轮毂电机-减速驱动机构示意，多选用高速内转子电机，减速驱动机构置于电机和车轮之间，机构类型包括行星传动、摆线针轮和定轴传动齿轮等。图 7-14 中包括主轴、轮毂、端盖、电机、转子组件、定子组件和行星齿轮减速机构，电机为单气隙定轴结构的轴向磁场电机，转子组件中的转子盘通过包含有角接触轴承的具有轴向并列的滚动体的轴承单元与主轴滚动连接，定子组件中包括多个绕设有线圈的单元定子和一个定子托盘，单元定子为不同宽度的"工"字形硅钢片沿径向方向叠合并连接为一整体，单元定子通过固定销连接在定子托盘上组成单元模块组合式定子结构，定子托盘与主轴固定连接。

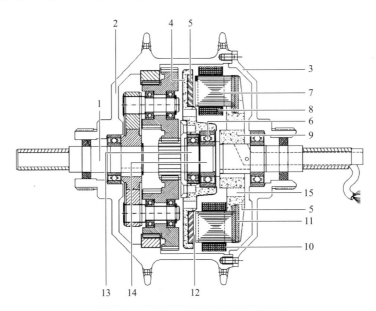

图 7-14　轮毂电机-减速驱动机构示意

1—主轴；2—轮毂；3—端盖；4—转子盘；5—永磁体；6—滚动体；7—单元定子；
8—线圈；9—定子托盘；10—线圈骨架；11—固定销；12—第一气隙；13—深沟球轴承；
14—单列角接触球轴承；15—通风口

7.2 行星轮系传动特性

(1) 行星轮系传动分析

行星轮系与定轴轮系的根本区别在于行星轮系中有一个转动着的系杆，因此使行星轮既公转又自转。如果能够设法使系杆固定不动，那么行星轮系就可转化成一个定轴轮系。为此，假想给整个轮系加上一个公共的角速度（$-\omega_H$），根据相对运动原理可知，各构件之间的相对运动关系并不改变，但此时系杆的角速度就变成了 $\omega_H - \omega_H = 0$，即系杆可视为静止不动。于是，行星轮系就转化成了一个假想的定轴轮系，通常称这个假想的定轴轮系为行星轮系的转化机构。

下面以如图 7-15 所示的单排行星齿轮为例，来说明当给整个轮系加上一个"$-\omega_H$"的公共角速度后，各构件角速度的变化情况。

如图 7-15 所示，当给整个轮系加上公共角速度（$-\omega_H$）后，其各构件的角速度变化情况如表 7-1 所示。

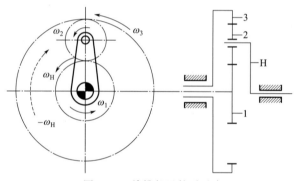

图 7-15　单排行星轮系示意

表 7-1　行星轮系转化机构中各构件的角速度

构件代号	原有角速度	在转化机构中的角速度（即相对于系杆的角速度）
1	ω_1	$\omega_1^H = \omega_1 - \omega_H$
2	ω_2	$\omega_2^H = \omega_2 - \omega_H$
3	ω_3	$\omega_3^H = \omega_3 - \omega_H$
H	ω_H	$\omega_H^H = \omega_H - \omega_H = 0$

因此该转化机构的传动比就可以按照定轴轮系传动比的计算方法来计算。通过该转化机构传动比的计算，就可以得到行星轮系中各构件的真实角速度之间的关系，进而求得行星轮系的传动比。

(2) 行星轮系传动比

首先求转化机构的传动比。由传动比的概念可知

$$i_{13}^{H} = \frac{\omega_1^{H}}{\omega_3^{H}} = \frac{\omega_1 - \omega_H}{\omega_3 - \omega_H} \tag{7-1}$$

式中 i_{13}^{H} ——在转化机构中 1 轮主动、3 轮从动时的传动比。

由于转化机构为一定轴轮系，因此其传动比大小为

$$i_{13}^{H} = -\frac{z_3}{z_1} \tag{7-2}$$

综合以上两式可得

$$i_{13}^{H} = \frac{\omega_1 - \omega_H}{\omega_3 - \omega_H} = -\frac{z_3}{z_1} \tag{7-3}$$

式中，齿数比前的"－"号表示在转化机构中齿轮 1 和齿轮 3 的转向相反。

根据上述原理，不难写出行星轮系转化机构传动比的一般公式。设行星轮系中两个中心轮分别为 1 和 n，系杆为 H，则其转化机构的传动比可表示为

$$i_{1n}^{H} = \frac{\omega_1 - \omega_H}{\omega_n - \omega_H} = \pm\frac{z_2}{z_1} \tag{7-4}$$

若一个行星轮系转化机构的传动比为"＋"，则称其为正号机构；若为"－"，则称其为负号机构。

虽然目的并非求转化机构的传动比，但是由式(7-4) 可以看出，在各轮齿数均为已知的情况下，总可以求出。因此，只要给定了三者中任意两个参数，由式(7-4) 就可以求出第三者，从而可以方便地得到行星轮系三个基本构件中任两个构件之间的传动比。

在利用式(7-4) 计算行星轮系传动比时，需要注意以下几点。

① 式中是转化机构中 1 轮主动、n 轮从动时的传动比，其大小和正负完全按定轴轮系来处理。在具体计算时，要特别注意转化机构传动比的正负号，它不仅表明在转化机构中中心轮 1 和 n 轮转向之间的关系，而且将直接影响到行星轮系传动比的大小和正负号。

② 式中是行星轮系中各基本构件的真实角速度。

③ 对于行星轮系来说，由于其中一个中心轮是固定的（例如中心轮 n 固定，即=0)，这时可直接由公式求出其余两个基本构件间的传动比。

7.3　集中驱动桥的结构

（1）集中驱动桥的结构

双行星分流式差速电驱桥的结构示意如图 7-16 所示。驱动电机两端连接多片式制动器，通过制动器连接双行星分流式差速电驱桥行星减速装置。差速电驱桥的输入为太阳轮，输出为行星架，行星架上有若干呈等间距环形分布且与

太阳轮齿形相啮合的双联行星齿轮，双联行星齿轮与过渡板间设有齿圈，齿圈与差速齿轮连接。

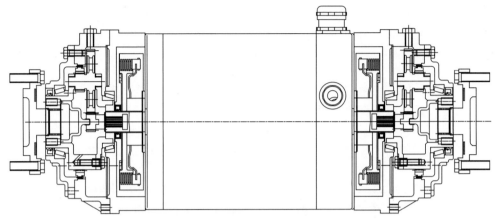

图 7-16　双行星分流式差速电驱桥的结构示意

传统通用差速器差速电驱桥如图 7-17 所示。电机具有定子和转子，转子连接到电机的驱动输出齿轮，驱动电机两端连接多片式制动器，行星减速装置与制动器连接，具有输入轴和输出轴，差速器与行星减速装置连接。差速器的差动输出齿轮通过左侧和右侧的半轴连接传动轴至车轮，行星减速装置和差速齿轮的一组齿轮传动副在轴向方向上布置在电机的相对侧，差速器齿轮通过空心轴连接到另一端的行星减速装置。其中空心轴从电机的一端延伸至电机的另一轴向端，穿过电机的整个转子。

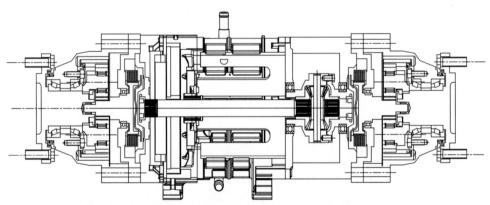

图 7-17　传统通用差速器差速电驱桥

（2）集中驱动桥传动分析

对应图 7-16 和图 7-17 的传动简图分别如图 7-18(a) 和图 7-18(b) 所示。

图 7-18(a) 示出双行星分流式差速电驱桥的传动装置示意。驱动电机两端连接的差速电驱桥减速装置，通过花键连接太阳轮，输出轴连接的行星架，行星架设有 3 个呈等间距环形分布且与太阳轮齿形相啮合的双联行星齿轮，双联行星齿轮有行星小齿轮和行星大齿轮。行星大齿轮上设有 4 个呈等间距环形分布的过油孔。双联行星齿轮轴与行星架连接。双联行星齿轮小齿轮与齿圈连接，

齿圈外侧的齿轮与差速齿轮连接。

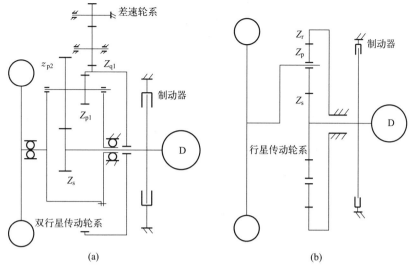

图 7-18 轮边减速器传动示意

图 7-18(a) 所示传动装置的速比为

$$i = \frac{Z_{r_1}}{Z_{p_1}} \frac{Z_{p_2}}{Z_s} + 1 \tag{7-5}$$

式中 Z_{r_1}——齿圈齿数；

Z_s——太阳轮齿数；

Z_{p_1}——行星小齿轮齿数；

Z_{p_2}——行星大齿轮齿数。

图 7-18(b) 示出传统通用差速器差速电驱桥的传动装置示意。传动机构太阳轮作为输入端，行星架作为输出端，通过对制动器的制动来中断行星轮系的动力输入，从而完成汽车的刹车与驻停。

图 7-18(b) 所示传动装置的速比为

$$i = k + 1 = \frac{Z_r}{Z_s} + 1 \tag{7-6}$$

式中 k——行星轮系特征系数；

Z_r——齿圈齿数；

Z_s——太阳轮齿数。

7.4 分布式驱动的整车控制结构

分布式驱动电动汽车底盘力矩分配的灵活性，结合电机力矩连续调节的可能性，可以使用一些新颖的力矩矢量控制策略来提高各种驾驶工况下的车辆主动安全性，以及操纵轻便性。相比于传统汽车利用摩擦制动的形式，电动汽车通过使用电驱动形式来直接控制横摆力矩，力矩矢量控制系统将车辆在紧急瞬态驾驶工况下的安全驾驶范围扩展到了更高的车速条件下。

与传统汽车相同，分布式驱动电动汽车底盘控制系统也主要采用分层结构，具有层次分明、目标明确、便于开发和维护的优点。如图 7-19 所示，驱动控制算法由以下三部分组成。

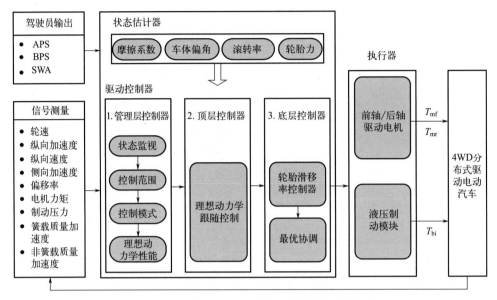

图 7-19　四轮驱动车辆操纵稳定性控制系统结构

① 管理层控制器：用于决定控制模式、允许的控制区域和期望的动力学性能，包括理想车速和横摆角速度。

② 顶层控制器：用于计算达到期望动力学性能所需的牵引力输入和横摆力矩输入。

③ 底层控制器：用于提出实际执行器的控制指令，例如前、后轴的电机力矩，以及各自的制动力矩。

管理层控制器计算允许的控制区域，也就是说考虑车辆最大方向盘转角、侧向稳定性和防侧翻能力，计算车辆速度和车辆最大转向角度的关系。在底层控制中，设计一个滑移率控制器来将每个车轮的滑移率控制在限制范围内。除此之外，考虑执行器约束条件下，一个基于优化的最优控制分配策略用于将管理层控制器和滑移率控制器输出转化为执行器的真实指令。利用仿真研究来评估所提出的驱动控制算法，结果显示，所提出的控制算法可以显著提高车辆的操纵性、稳定性和防侧翻能力。

分布式驱动电动汽车是四个车轮由四个轮毂电机独立驱动的形式。模型总体结构包括与传统汽车上相同的车体模型、制动模型、轮胎模型、车轮模型、动态载荷模型等。还包括电动车上特有的电机模型，以及 EHB 液压调节器模型。分布式驱动电动汽车结构模型如图 7-20 所示。

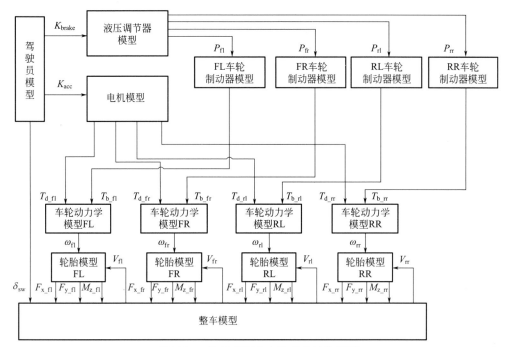

图 7-20 分布式驱动电动汽车结构模型

第

8

章

动力传动系统

与传统燃油汽车一样，电动汽车驱动系统的控制策略目的就是将汽车需要的扭矩传递到车轮，让车辆能够按照驾驶员理想的状态运行。但是在实际的工程应用中，对驱动系统的控制受到硬件、成本、开发周期等限制，一般都是在多重权衡之后取其中的平衡点。虽然无人驾驶汽车的技术已经非常先进，但是在实际应用中，还需要考虑到法律、道路规则等方面的问题。这些问题需要时间来解决，因此无人驾驶汽车的普及也需要时间。所以本书对车辆的操控描述依然有"驾驶员"的文字，无人驾驶汽车依然存在"方向盘"和"加速踏板"等传统汽车的车辆操控机构，但实际上，对于无人驾驶汽车，这些操控机构已完全通过激光雷达、摄像头、传感器等设备来感知周围环境，通过计算机程序来控制汽车的行驶方向和速度。

8.1 一体化控制流程

当驾驶员有改变当前状态的想法时，对加速踏板和制动踏板操作，中央控制器通过接收到的加速踏板信号判断驾驶员的意图，然后中央控制器结合当前变速器和电机运行的状态，向电机和变速器发送指令。在整个过程中，中央控制器既是大脑，需要完成控制过程中的各种决策；也是信息的中转站，需要接收各个零部件的信号，同时做出反馈。工作流程如图 8-1 所示。

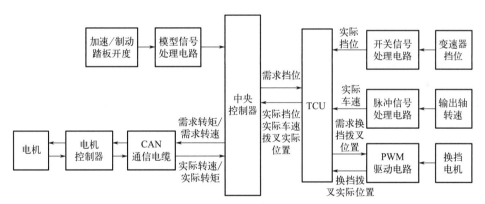

图 8-1　工作流程

可以看出，驱动控制系统是一个很复杂的系统。最后输出到车轮的扭矩和很多因素有关，比如加速踏板的深度和需求扭矩的对应关系、电机的转速和扭矩控制、变速器的换挡曲线和换挡过程控制等。目前，在电池技术没有突破技术瓶颈之前，动力总成本身的高效率仍然是提高续航里程的关键技术，其中的控制策略更是有着举足轻重的地位。所以驱动控制系统需要考虑这些因素，确保能够满足驾驶员的需求，同时能够优化控制策略，提高续航里程。

整车厂需要供应商开放电机控制器的接口，能够让电机控制器和中央控制器进行通信。当整车厂只是单独采购电机的时候，需要供应商提供电机的效率图，此时的电机和电机控制器相当于一个黑盒子，整车厂会利用供应商提供的接口和效率图对整个驱动系统制定控制策略，并标定控制量。因此，可以看出在实际的控制过程中，整车厂对电机的控制只是给定一个输入量，电机输出一个正确的输出量，而且电机能够在故障时反馈正确的故障码。

8.2 加速踏板的响应和控制

驾驶员在开车时，通过操作加速踏板实现驾驶意图。因此及时、准确的加速踏板信号至关重要，并且加速踏板信号需要满足稳定性、单调性、连续性的要求。

由于加速踏板的重要性，需要为加速踏板增加冗余判断。加速踏板开度值的输出信号需要经过判断再得出，加速踏板开度值计算流程如图 8-2 所示。

图 8-2　加速踏板开度值计算流程

① 采用两路电位传感器，两路独立采集信号分别是 $\theta_1(A)$ 和 $\theta_2(A)$。
② 通过数模转换将数字信号转化为模拟信号 $\theta_1(D)$ 和 $\theta_2(D)$。
③ 对两路信号进行诊断，得到诊断之后的信号 $\theta(D)$。若采样值超出范围，则丢弃。然后将两路信号求差，如果差值在限定范围以内，则采用默认设置里优先级高的信号，如果差值超过限值，分析是否有某一路信号有明显问题，然后采用没有明显问题的信号，如果无法判断任何一路的信号有明显问题，或者判断出两路信号都有问题，则采用设定的默认值，确保汽车能够跛行到维修点。这种冗余判断与信号分析的滤波有很大的关系。
④ 对诊断后的信号进行滤波，得到滤波之后信号 θ'，避免传感器的误传和误读。
⑤ 通过滤波后的数据计算加速踏板开度值 θ，计算公式如下。

$$\theta = \begin{cases} 0, & \theta' < \theta_{\min} \\ \dfrac{\theta' - \theta_{\min}}{\theta_{\max} - \theta_{\min}}, & \theta_{\min} < \theta < \theta_{\max} \\ 1, & \theta' > \theta_{\max} \end{cases} \tag{8-1}$$

加速踏板的深度所对应的开度是控制单元的输入，所以整车控制器的逻辑和变速器的换挡逻辑与加速踏板的信号是强相关的。在项目中，加速踏板程序中的死区参数、最大有效值参数、信号映射关系参数等是默认值，表现出来为加速踏板深度和开度的线性关系，项目中直接保留原先的程序参数，故对 pedal map（加速踏板特性）的制定不做深度分析，将加速踏板的输出信号直接作为控制系统的输入量。

8.3 变速器的换挡规律

自动变速器的换挡规律本质上就是利用原先制定好的控制策略取代驾驶员的判断和操作，是一个控制过程。根据控制过程输入量的个数，可以分为单参数、双参数和多参数换挡规律。根据控制的目标，可以分为动力性换挡规律和经济性换挡规律。

单参数换挡规律中，仅考虑车速对挡位的影响。在控制程序中设置每个升挡过程的速度阈值和降挡过程的速度阈值，整个换挡控制策略比较简单，但是驾驶员不能干预换挡过程，驾驶感受较差，所以现在几乎不采用。

双参数换挡规律中，考虑加速踏板开度和车速对换挡的影响。在控制过程中，每一个加速踏板开度值和车速对应一个挡位，这种情况下，驾驶员可以通过踩下加速踏板的深度来控制换挡时机。由于换挡时机是由加速踏板开度值和车速共同决定的，所以在不同的加速踏板开度下，升挡曲线和降挡曲线可以有不同的差值，从而更好地实现汽车设计的动力性和经济性目标。

双参数换挡在一定程度上克服了单参数换挡的缺点，是目前车辆上比较常用的一种换挡方式，是以车速和油门为控制参数进行联合控制。在这种换挡方式下，驾驶员可以通过控制加速踏板开度提前或延迟换挡，使车辆更容易满足动力性和经济性的需求。

三参数换挡规律一般是基于双参数换挡规律，再增加一个输入参数，一般研究较多的是加速度参数。这种控制方式可以让换挡时机的选择更加精确，有利于实现更好的动力性和经济性，但是这种换挡规律比较复杂，所以目前在量产车上应用得较少。

8.3.1 最佳动力性换挡规律

汽车的动力性包括最大爬坡度、最高车速和加速性能。一般而言，变速器的最低挡位速比就已经决定了汽车的最大爬坡度，变速器的最高挡位或者次高挡位决定了汽车的最高车速。变速器的换挡控制策略决定了汽车的加速性能。汽车的最佳动力性换挡就是通过选择合适的换挡时机，能够让汽车保持最大的加速度。

变速器在不同挡位时，旋转质量换算系数不同，这对汽车的加速度会有一定的影响。汽车的瞬时加速度如式（8-2）所示。

$$a = \frac{\mathrm{d}u}{\mathrm{d}t} = \frac{1}{\delta m}[F_t - (F_f + F_w)] = \frac{1}{\delta m}\left[\frac{T i_g i_o \eta_t}{r} - \left(Gf + \frac{C_d A v^2}{21.25}\right)\right] \tag{8-2}$$

式中　δ——旋转质量换算系数。

δ 计算如式（8-3）所示。

$$\delta = 1 + (\delta_1 + \delta_2 i_k^2)\frac{G_a}{G_x} \tag{8-3}$$

式中　δ_1——计算常数，对于乘用车而言，δ_1 取 0.03～0.05；

δ_2——计算常数，对于乘用车而言，δ_2 取 0.05～0.07；

i_k——当前挡位速比；

G_a——当前整车质量，kg；

G_x——汽车满载质量，kg；

T——发动机输出转矩，N·m；

r——车轮滚动半径，m；

f——滚动阻力系数；

C_d——空气黏滞系数；

A——车辆迎风面积；

v——车辆速度，m/s。

由于旋转质量系数的差异较小，所以只考虑经过变速器传递到车轮的扭矩。

电动汽车和燃油汽车的动力性换挡规律类似，都是让汽车有最大的加速器，所以同一加速踏板开度下，画出相邻挡位的车轮端输出扭矩曲线，曲线的交点即为换挡点，采用作图法制定换挡曲线。

① 首先需要画出不同加速踏板开度下的电机牵引特性曲线，如图 8-3 所示。

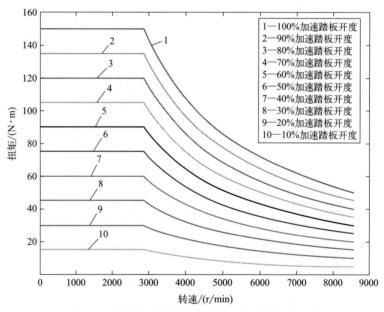

图 8-3　不同加速踏板开度下的电机牵引特性曲线

② 在不同加速踏板开度下，对于两个挡位的输出扭矩，分别标记出同一加速踏板开度下两个挡位加速度的交点，将这些交点连起来，就是变速器的升挡曲线，如图 8-4 所示。

③ 当确定升挡曲线以后，需要基于升挡曲线制定降挡曲线，降挡曲线的制定有等延迟型、发散型、收敛型、综合型，降挡曲线采用等延迟型，如图 8-5 所示。

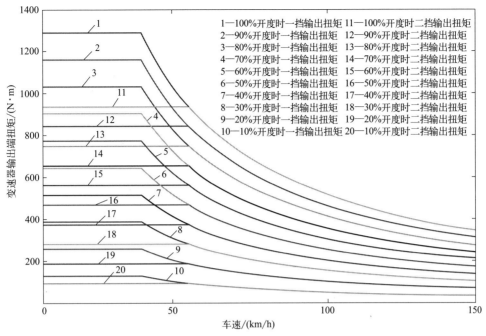

图 8-4　不同加速踏板开度下两个挡位的加速度曲线

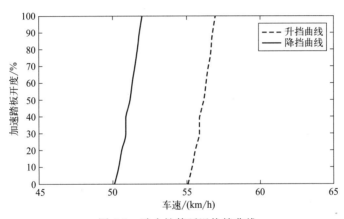

图 8-5　动力性等延迟换挡曲线

8.3.2　最佳经济性换挡规律

　　纯电动汽车的经济指标主要有续航里程、单位里程能耗、单位能耗行驶里程等。在汽车的行驶过程中，电池放电，电流经过分线盒，一部分电能用于辅助设施，一部分电能通过逆变器驱动电机，然后将电能转化为动能传递到变速器，最后传递到车轮。能量的消耗主要来源于三个方面：一是机械传动部件的能量损失，比如变速器的传动效率、传动轴的传动效率等；二是电机、超级电容及电池组等在能量转换和传递过程会有一部分能量耗散掉；三是辅助设备的用电会消耗一部分能量。

　　用于驱动车辆的能量计算如式（8-4）所示。

$$E_{\mathrm{D}}=\eta_{\mathrm{B}}\eta_{\mathrm{M}}\eta_{\mathrm{C}}(E-E_{\mathrm{A}}) \tag{8-4}$$

式中　　η_{B}——电池的放电效率；

η_{M}——电机的效率；

η_{C}——传动系统的传动效率。

从式(8-4)可以看出，纯电动汽车的经济性与蓄电池、逆变器、电机、传动系统、辅助设备等有关。辅助设备和汽车运行状况有关，不可以人为预知；低于40℃时，放电效率随温度升高而增大，高于40℃时，电池放电效率变化不大。考虑汽车稳定行驶时，电池温度高于40℃，所以η_{B}的变化很小，可以认为默认值。纯电动汽车传动系统的效率损失主要包括齿轮啮合功率损失、内部油气混合雾造成的风阻损失、搅油损失、轴承损失等，有关理论尚不完善。通过实验证明，效率在很小的偏差之内，故此处η_{C}取为默认值。从式(8-4)可以看出，当η_{B}和η_{C}为默认值时，只有η_{M}在汽车行驶过程中可以人为控制，所以主要以电机效率作为控制依据，制定经济性换挡控制策略。这就需要在不同的车速下，让变速器处于合适的挡位，保证电机在较高的效率下运行。

建立经济性换挡控制策略的步骤如下。

① 绘制电机效率 MAP 图。MAP 图根据实验数据绘制，由于电机从供应商处采购得到，所以供应商提供了电机的效率 MAP 图和等高线图。电机效率 MAP 如图 8-6 所示。

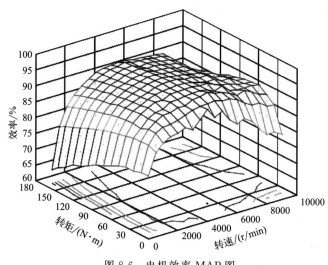

图 8-6　电机效率 MAP 图

② 电机的等高线图。纵坐标为电机转矩，横坐标为电机转速，在图中查表得到任意转速扭矩对应的电机效率。

③ 绘制不同加速踏板开度下的电机效率曲线。在某一个加速踏板开度下选取一系列点，根据这些点的转矩和转速确定这个点处的电机效率，然后将电机转速分别换算成一挡和二挡的车速，以车速为横坐标，电机效率为纵坐标，画出同一电机转速下，电机效率和车速的曲线，两条曲线的交点就是换挡点。

④ 通过插值绘制所求出的换挡点，即为最佳经济性换挡曲线。需要基于升挡曲线制定降挡曲线，降挡曲线的制定有等延迟型、发散型、收敛型、综合型，

降挡曲线采用等延迟型，如图 8-7 所示。

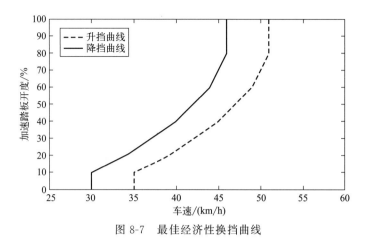

图 8-7　最佳经济性换挡曲线

8.3.3　组合型换挡控制策略

　　当驾驶员在开车时，在一般在中低负荷的时候，希望有较好的经济性，在中高负荷的时候，希望有较好的动力性，所以兼顾动力性和经济性，采用综合性换挡控制策略，即设置阈值。当加速踏板开度小于阈值时，采用经济性换挡控制策略；大于阈值时，采用动力性换挡控制策略，如图 8-8 所示。

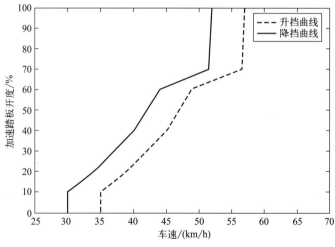

图 8-8　综合经济性和动力性的换挡曲线

8.4　优化的柔性换挡控制策略

　　在汽车行驶时，TCU 根据加速踏板开度和车速，在换挡曲线图上查表得到对应的挡位，判断是否需要换挡。这种控制策略中每一条升挡曲线和降挡曲线都是一个阈值，根据车速和加速踏板开度的对应关系决定挡位。一般相邻挡位之间，设定升挡曲线某一加速踏板开度对应的车速要高于降挡曲线相同加速踏板开度对应的车速，这样是为了防止频繁换挡。但是，这种控制逻辑在复杂工况下会进入循环换挡。

假设汽车要越过一个坡度较大的山坡，如图 8-9 所示。

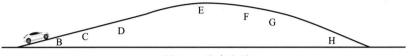

图 8-9　汽车爬坡

爬坡时汽车运行工况如图 8-10 所示。

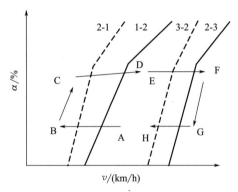

图 8-10　爬坡时汽车运行工况

1-2——一挡升二挡曲线；2-1—二挡降一挡曲线；2-3—二挡升三挡曲线；3-2—三挡降二挡曲线

首先是上坡工况，汽车在上坡之前车速不变，此时驱动力和行驶阻力平衡，变速器工作在 A 区域。上坡时汽车坡度阻力增加，行驶阻力变大，行驶阻力大于驱动力，此时加速踏板开度未变，车速下降，TCU 根据输入信号判断汽车工作在 B 区域，TCU 控制整个系统换挡。当车速下降很明显的时候，驾驶员开始踩下踏板并保持开度不变，TCU 根据输入信号判断汽车工作在 C 区域，随后车速上升，加速踏板开度保持不变，TCU 根据输入信号判断汽车工作在 D 区域，TCU 控制系统升挡。在到达山坡最高处之后汽车开始下坡，在下坡之前驱动力和行驶阻力平衡。汽车工作在 E 区域，下坡时由于重力会产生一个加速的效果，车速上升但是加速踏板开度未变，TCU 根据车速和加速踏板开度值判断汽车进入 F 区域，然后变速器开始升挡。当车速加速过快的时候，驾驶员会减小加速踏板开度，随后动力源输出扭矩较小，车速下降较慢，汽车进入 G 区域。车速继续下降，汽车进入 H 区，变速器降挡。所以在上一个坡度较大的土坡时，变速器会进行降挡-升挡-升挡-降挡的过程，这会对驾驶性造成很大的影响。

汽车行驶在市区的时候，当路段稍微拥堵时，驾驶员需要跟车，且驾驶员在对两车间距、车速等因素做出反应具有一定的反应滞后性。

拥堵路况时汽车运行工况如图 8-11 所示。

这时候的车速可能在降挡线和升挡线之间。由于汽车自重很大，所以加速踏板开度的变换传递到车速会有一定的滞后，但是传统的控制策略只会根据车

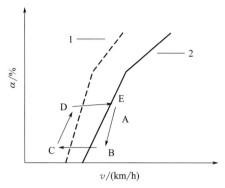

图 8-11　拥堵路况时汽车运行工况
1—降挡曲线；2—升挡曲线

速和加速踏板信号值来判断目标挡位，这样很容易造成换挡频繁的问题。假设汽车通过车流量较大路段时，驾驶员看到前方车速减缓，会松开加速踏板，此时整车由于惯性，短时间内车速变化较小，TCU 会根据车速和加速踏板开度信号判断汽车状态从 A 区域进入 B 区域，随后车速下降，进入 C 区域，变速器降挡。后来前车加速，车间距增大，为了跟车，驾驶员会踩下加速踏板，此时加速踏板开度增大，由于整车惯性较大，车速上升较为缓慢，TCU 根据加速踏板开度和车速的对应关系判断汽车进入 D 区域，随后车速增加，进入 E 区域，变速器升挡。在前车一次减速和加速的过程中，跟车会让 TCU 控制变速器进行降挡-升挡的过程。当通过一段拥堵路段时，会一直遇到这种工况，这会大大增加变速器内部摩擦件的磨损，并且造成较差的驾驶体验。

　　可以看出，单纯地采用开环查表方法选择目标挡位会让汽车在复杂工况下频繁换挡，这样会降低舒适性，所以希望通过尝试新的控制方法，优化汽车在复杂工况下的换挡次数。汽车在通过复杂路况会产生频繁换挡的根源在于汽车在复杂的工况下，汽车速度相对加速踏板具有迟滞性，如果能够在复杂工况下，减少这种迟滞性的影响，就可以减少换挡次数。

　　驾驶员在开车时，驾驶行为会基于自身内在因素的制约，出现感知差错，这种感知差错会让驾驶员的判断有滞后性。当汽车在通过山坡的过程中，上坡时，汽车车速会有下降，在车速未下降到驾驶员感知的心理底线之前，驾驶员会有一个保持加速踏板开度不变的过程。当车速越过驾驶员心理底线之后，驾驶员踩下加速踏板，由于车速上升需要一个过程，驾驶员会潜意识地踩下相对较深的开度。在这个过程中，车速下降然后上升，此时整车加速度有一个从负到正的过程。下坡时，汽车车速会有上升，在车速未上升到驾驶员感知的心理底线之前，驾驶员会有一个保持加速踏板开度不变的过程，当车速越过驾驶员心理上线之后，驾驶员松开加速踏板，由于车速下降需要一个过程，驾驶员会潜意识地松开较大的开度。在这个过程中，车速先上升再下降，此时整车加速度有一个从大到小的过程。爬坡时汽车加速踏板开度、车速、加速度变化曲线如图 8-12 所示。

　　当汽车通过拥挤路段时，加速踏板开度值从大到小，再由小到大，整车有

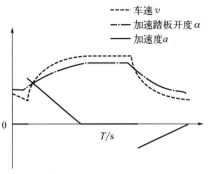

图 8-12　爬坡时汽车加速踏板开度、车速、加速度变化曲线

减速和加速的过程，拥堵路况时汽车加速踏板开度、车速、加速度的变化如图 8-13 所示。

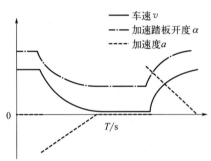

图 8-13　拥堵路况时汽车加速踏板开度、车速、加速度变化曲线

通过分析可以看出，在复杂工况下，产生频繁换挡的原因主要有两点，第一点是由于驾驶员对加速踏板的控制相对于路况有一定的滞后性，第二点是由于整车惯性较大，加速踏板开度的变化到车速的变化有一定的滞后性。针对这种情况，有两种优化方法，第一种是从选挡时长着手，对变速器换挡增加一个目标挡位时长的限制阈值，在 TCU 发出执行换挡指令前，TCU 判断选择目标挡位的时长是否超过阈值，如果超过阈值，则 TCU 发出执行换挡的指令，如果选择目标挡位的时间很短，没有超过阈值，则保持原挡位。这种方法可以有效避免由于整车惯性导致车速相对加速踏板滞后。第二种是根据汽车在行驶过程中，加速踏板开度值的变化率和加速度的变化，确定汽车所行驶的工况，并基于一定时长内的平均速度，设置阈值，当速度较大时延迟降挡，当速度较小时延迟升挡，从而达到减少换挡次数的目的。第一种方法的优势在于可以用一个阈值来优化，具有省时省力的优点。但是由于只考虑时间阈值，所以具有一定的缺陷，首先需要设立时间阈值，单纯地从时间的角度来优化换挡控制，但是时间阈值设置偏大时，会影响动力性和经济性，而且一直会给驾驶员较差的换挡延迟感受，如果设置偏小，对汽车工作在复杂工况下的优化换挡次数的效果有限。其次汽车在行驶过程中，给驾驶员最直接的感受就是车速。这种方法在优化过程中并未考虑到车速的因素，所以较难将驾驶体验和阈值的标定联系起来，而且只是单纯以一个阈值来优化，考虑的自由度较少，能够优化的效果有限。

通过以上分析，本书选择通过对复杂工况下加速踏板开度值和加速度的研究，优化换挡控制策略，通过优化希望能够有效减少复杂工况下的换挡次数。

在延迟换挡的控制策略设计中，需要考虑车速的影响。一方面不同驾驶员对速度的感知不一样，另一方面在不同的速度时，需要考虑延迟换挡对动力性和经济性的影响。在换挡图中，进入循环换挡的工况有很多，对应的车速区间也很大，为了保证控制策略能够更好地实现经济性和动力性的要求，需要设置车速的阈值。当车速低于阈值进入延迟换挡时，整车工作在拥挤路段，驾驶员对动力性的要求较低，此时希望整车不需要较大的最高车速，只需要固定在低挡位即可，当车速较高且进入延迟换挡时，驾驶员希望汽车在一个较高的车速行驶，此时对变速器输出的转速有较高的要求，低挡位可能在电机最大转速时也无法满足要求，即便当满足要求时，由于电机转速较高，此时的电机效率会比较低，所以需要固定在较高挡位。所以需要一个驾驶员满意的车速作为输入，但是换挡频繁本就是因为从驾驶员的意图到车速具有一定滞后性才造成的，所以当前的瞬时车速不适合做驾驶员的理想车速。由于进入循环换挡之前，汽车已经经过一次或者多次的车速循环变化。当车速低于驾驶员理想车速时，驾驶员踩下加速踏板，汽车提速，当车速高于驾驶员理想车速，驾驶员松开加速踏板，汽车降速，可以看出这些变化的车速都是在驾驶员理想车速附近，所以对进入循环换挡之前的多次循环车速取均值，将均值作为驾驶员理想车速的输入。

汽车行驶在复杂工况时，TCU进入延迟换挡，当汽车通过复杂路况进入良好路况时，TCU能够进行判断并需要进入正常的换挡控制策略，这就需要一个判断机制，当汽车行驶在良好工况时，加速踏板开度值应该是不变或者线性变化的，因此基于加速度判断是否需要退出柔性换挡。

柔性换挡优化流程如图8-14所示。

优化方法中输入参数为加速踏板开度值、车速和加速度，加速度通过对车速求导得到。优化的步骤如下。

（1）对加速踏板开度、加速度、车速取样

加速踏板取样：假设加速踏板的电位计采样时间为 Δt_1，取样 n_1 次，每次取样的加速踏板开度值为 α_{ij}，将 n_1 次采集的踏板开度取均值，作为当前时刻的踏板开度值 α_i。计算如式(8-5)所示。

$$\alpha_i = \frac{\sum \alpha_{ij}}{n_1} \qquad (8-5)$$

车速取样：假设输出轴转速传感器采样时间为 Δt_2，取样 n_2 次，每次取样的转速为 ω_{ij}，将 n_2 次采样的转速换算为加速度并取均值，作为当前速度的输入 v_i，计算如式(8-6)所示。

$$v_i = \frac{\sum \omega i_g 2\pi r}{n_2} \qquad (8-6)$$

加速度取样：加速度通过对车速求导得到，车速通过变速器输出轴转速换算得到，将 n_2 次采样的转速换算为加速度并取均值，作为当前加速度的输入 a_i，计算如式(8-7)所示。

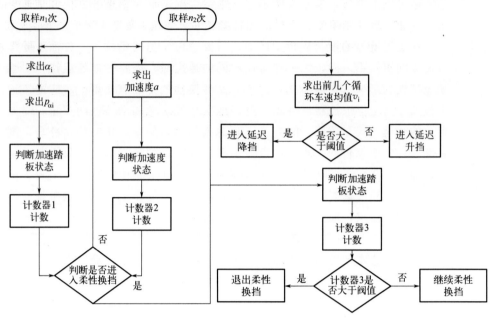

图 8-14　柔性换挡优化流程

$$a_i = \frac{\sum \dfrac{\mathrm{d}\omega}{\mathrm{d}t} i_\mathrm{g} 2\pi r}{n_2} \qquad (8\text{-}7)$$

（2）判断驾驶员状态和汽车状态分析

设置加速踏板开度的有三种状态，即大开度、中开度和小开度，前一次取样的加速踏板开度为 α_{i-1}。取 p_{ai} 为当前开度值和前一次开度值的比值，当 p_{ai} 小于 σ_1 且大于 σ_2 的时候，标记为状态 1，否则标记为状态 2；如果是状态 2，则计数器 1 加 1，当出现状态 1 的时候，计数器 1 不变。其中 σ_1 和 σ_2 是阈值参数。

设置加速度对应的整车的三种状态，即加速、平稳和减速。输入当前加速度为 a_i，a_i 小于 σ_3 且大于 σ_4 的时候，标记为状态 1，否则标记为状态 2；如果是状态 2，则计数器 2 加 1，当出现状态 1 的时候，计数器 2 不变。其中 σ_3 和 σ_4 是阈值参数。

（3）判断是否进入柔性换挡

当计数器 1 连续出现 k_1 次状态 1 的时候，计数器 1 归零，当计数器 2 连续出现 k_3 次状态 1 的时候，计数器 2 归零。当计数器 1 累计到 K_2 且计数器 2 累计到 K_5 时，进入柔性换挡策略。

（4）柔性换挡控制

TCU 通过对前几个循环车速求均值 v_i，将 v_i 作为驾驶员的理想车速，将理想车速和阈值做对比。当理想车速较高时，进入延迟降挡的控制策略，此时 TCU 希望变速器挡位保持在二挡，将降挡曲线左移，让变速器在更低的车速换挡，在行车过程中一旦变速器发生降挡，则认为进入延迟升挡的控制过程。

当理想车速较低时，进入延迟升挡的控制策略，此时 TCU 希望变速器挡位保持在一挡，将升挡曲线右移，让变速器在更高的车速换挡，在行车过程中一旦变速器发生升挡，则认为进入延迟降挡的控制过程。

（5）退出柔性换挡策略

将踏板开度 α_i 作为输入，假设加速踏板开度 α 保持在状态 1，通过下次采样数据分析加速踏板开度值的状态，如果保持在状态 1，则计数器 3 加 1，否则计数器置零。当计数器大于 K_6 时，TCU 默认已经驶出复杂工况，不再执行延迟换挡。

第
9
章

线控底盘域

底盘域的主要功能是操控车辆行驶，与车辆运动状态相关，其核心部分包括传动控制、转向控制、制动控制以及悬架控制等几大部分。区别于传统的内燃机车辆，大多数新能源汽车的主要动力源是由电池提供的，例如纯电动汽车、燃料电池汽车以及重混式的混合动力汽车等，这也导致了传统车辆上的行驶控制方式的改变。传统燃油汽车的液压系统、气压系统在电池供电的模式下存在高能耗、高成本、结构复杂等缺陷，这导致了传统的液压气压制动、液压助力转向等系统的使用受到制约，同时，随着汽车智能化的发展，适合自动驾驶需要的执行机构要求车辆的运动控制实现电动化。因此，新能源汽车迫切需要新型的电控执行机构，底盘电控化是新能源汽车的发展趋势。电控底盘带来的是操控技术的变化，传统的机械操控方式不适应电控底盘的控制，为了适应智能驾驶和电控操作的需要，线控底盘发展成为必然。

9.1　线控底盘基本功能

线控底盘主要由线控转向、线控制动系统、线控换挡、线控加速踏板及线控悬架五大子系统构成。线控底盘域内部控制信号的传输采用车载总线实现，常见的用于底盘的通信类型包括 CAN、CAN-FD、FLEXRAY，底盘域通过以太网网关与其他各域通信。底盘域控制器功能结构如图 9-1 所示。

底盘域主要实现车辆行驶控制，域控制器通过综合智能驾驶域、座舱域等其他域的信号，结合整车车辆状态的稳定性、安全性、舒适性要求做出综合判断，决策底盘域的各个子系统协调工作，实现车辆纵向、横向和垂直运动的综合控制。

如图 9-1 所示，底盘域控制器系统功能由感知层、决策层和执行层三部分，各部分的功能如下。

① 感知层用于处理传感器和通过以太网从其他域获得的传感信号，并通过处理得到实时的车辆状态及行车环境信息，这些信息包括周边车辆状态、道路情况（障碍物、车道线、路面附着系数灯）、驾驶员操作意图、车辆姿态的检测，同时预测车辆的状态和可能的危险，并将结果提供给决策层。

② 决策层利用感知层获得的信息，依据车辆动力学模型和车辆功能安全要求协调底盘域的五大线控子系统的动作，对车辆的横向、纵向、垂向这六个自由度的协同控制，以保证车辆的正常行驶。首先，决策层除了要保证车辆的运动状态满足驾驶员的操作意图的要求外，还需要控制车辆的姿态以满足整车稳定性要求，这就要求对车辆的悬架、车轮、转向、制动、驱动等系统协调控制；其次，舒适性也是底盘域控制的重要目标，这要求决策系统需要在悬架的控制策略、转向的助力特性等方面综合考虑；最后，为了保证功能安全，底盘域控制器需要在硬件上有一定的冗余设计，包括传感器冗余设计、域控制器主控芯片的冗余设计、电源管理芯片的设计、冗余的网络设计等。

③ 执行层负责依据设定的协议与子系统以及其他域控制器之间进行通信。通信协议包含诊断协议、刷写协议、标定协议等，底盘域的子系统与其他域的

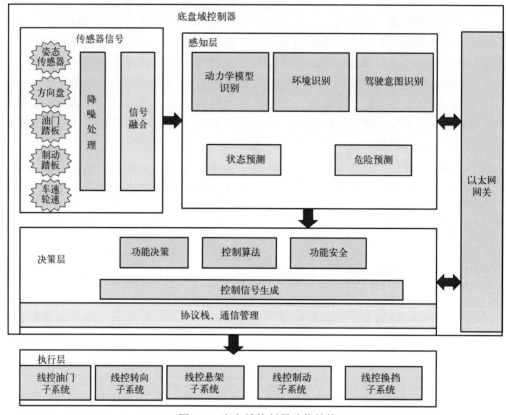

图 9-1　底盘域控制器功能结构

通信采用车载以太网，而域内通信考虑的可扩展性、实时性、成本等各方面因素，采用了 CAN、CANFD、FLEXRAY 等车载总线通信。

9.2　CAN FD、FLEXRAY 网络结构及通信方式

线控技术的发展对车载通信提出了更高的要求，考虑到底盘域和动力域系统中对网络的可靠性、实时性的要求，传统的 CAN 总线存在有效载荷率和传输速率较低，且传统 CAN 总线传输过程中由于其设计上的缺陷还存在不一致性、不可预测性以及信道出错堵塞等问题，因此，在线控底盘这类更为严格的控制系统中，它将会造成巨大的风险，无法满足安全、环保、节能的要求。为了解决这类问题，底盘域、动力域目前逐步采用 CAN FD 或 FLEXRAY 总线替代传统的 CAN 总线。

9.2.1　CAN FD 简介

CAN FD 是传统 CAN 的升级版，支持最大 5Mbit/s 的可变速率和最长 64 bytes 的数据长度。CAN FD 继承了 CAN 总线的主要特性，CAN FD 和传统

CAN 的开发成本相差不大，可以和传统 CAN 很好兼容，且弥补了 CAN 总线带宽和数据场长度的制约，因此目前广泛用于替代传统的 CAN 总线。相比于传统 CAN 总线，CAN FD 有以下改变。

（1）CAN FD 数据帧格式

CAN FD 数据帧在控制场新添加 EDL 位、BRS 位、ESI 位，采用了新的 DLC 编码方式、新的 CRC 算法（CRC 场扩展到 21 位）。CAN FD 数据帧格式如图 9-2 所示。

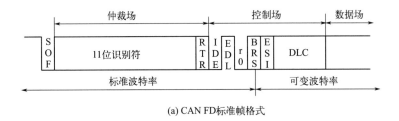

(a) CAN FD 标准帧格式

(b) CAN FD 扩展帧格式

图 9-2　CAN FD 数据帧格式

CAN FD 采用了两种位速率：从控制场中的 BRS 位到 ACK 场之前（含 CRC 分界符）为可变速率，包括仲裁场在内的其余部分为原 CAN 总线用的速率。两种速率各有一套位时间定义寄存器，它们除了采用不同的位时间单位 TQ 外，位时间各段的分配比例也可不同。

（2）CAN FD 新添加位

EDL 位可以表示 CAN 报文或者 CAN FD 报文；BRS 表示位速率转换，该位为隐性位时，从 BRS 位到 CRC 界定符使用转换速率传输，其他位场使用标准位速率，该位为显性时，以正常的 CAN FD 总线速率传输；通过添加 ESI 位，可以很方便地知道当前发送节点所处的状态。

（3）新的 CRC 算法

对于 CAN 总线，由于位填充规则对 CRC 的干扰，造成错帧漏检率，未达到设计意图。CAN FD 对 CRC 算法做了改变，即 CRC 以含填充位的位流进行计算。在校验和部分为避免再有连续位超过 6 个，就确定在第一位以及以后每 4 位添加一个填充位加以分割，这个填充位的值是上一位的反码，作为格式检查，如果填充位不是上一位的反码，就做出错处理。CAN FD 的 CRC 场扩展到了 21 位。由于数据场长度有很大变化区间，所以要根据 DLC 大小应用不同的 CRC 生成多项式，CRC_17 适合帧长小于 210 位的帧，CRC_21 适合帧长小于 1023 位的帧。

（4） 新的 DLC 编码

CAN FD 数据帧采用了新的 DLC 编码方式，数据场长度为 0～8 个字节时，采用线性规则，数据场长度为 12～64 个字节时，使用非线性编码，如表 9-1。

表 9-1　CAN FD 数据长度编码方式

项目	数据字节数	数据长度编码			
		DLC3	DLC2	DLC1	DLC0
ISO 11898-1 标准定义	0	0	0	0	0
	1	0	0	0	1
	2	0	0	1	0
	3	0	0	1	1
	4	0	1	0	0
	5	0	1	0	1
	6	0	1	1	0
	7	0	1	1	1
	8	1	0	0	0
CAN FD 附加定义	12	1	0	0	1
	16	1	0	1	0
	20	1	0	1	1
	24	1	1	0	0
	32	1	1	0	1
	48	1	1	1	0
	64	1	1	1	1

9.2.2　FLEXRAY 简介

传统的 CAN 总线是基于事件驱动的通信方法，这意味着通信系统的每个总线节点都能够随时访问总线。由于事件驱动的通信系统中没有严格的调度表，因此添加和删除总线节点会影响通信流。严格来说，此类更改需要对整个系统进行全面的重新验证。事件驱动的通信系统不具有可组合性。由于 CAN 总线缺少冗余结构和机制，因此无法满足对容错的高要求，且数据传输速率较低。由此可见，CAN 总线很难满足汽车线控系统的要求，虽然升级后的 CAN FD 增大了数据传输速率，但其基于事件触发的通信方式以及缺少冗余的缺点仍旧限制了其在线控系统中的应用。

FlexRay 是宝马和戴姆勒克莱斯勒合作开发的面向未来、标准统一、时间触发且具有容错性的通信技术。FlexRay 联盟于 2010 年发布了 3.0.1 版规范，并将其提交为 ISO 标准，即 ISO 17458。ISO 17458 描述了 FlexRay 协议和物理层，以及相应的一致性测试。

FlexRay 提供了传统车内通信协议不具备的大量特性，包括以下内容。

① 高传输速率：FlexRay 的每个信道具有 10Mbit/s 带宽。由于它不仅可以像 CAN 和 LIN 网络这样的单信道系统一般运行，而且可以作为一个双信道系统运行，因此可以达到 20Mbit/s 的最大传输速率，是当前 CAN 最高运行速率的 20 倍。

② 同步时基：FlexRay 中使用的访问方法是基于同步时基的。该时基通过协议自动建立和同步，并提供给应用。时基的精确度介于 $0.5 \sim 10\mu s$ 之间（通常为 $1 \sim 2\mu s$）。

③ 确定性：通信是在不断循环的周期中进行的，特定消息在通信周期中拥有固定位置，因此接收器已经提前知道了消息到达的时间。到达时间的临时偏差幅度会非常小，并能得到保证。

④ 高容错：强大的错误检测性能和容错功能是 FlexRay 设计时考虑的重要方面。FlexRay 总线使用循环冗余校验 CRC（cyclic redundancy cheek）来检验通信中的差错。FlexRay 总线通过双通道通信，能够提供冗余功能，并且使用星形拓扑可完全解决容错问题。

⑤ 灵活性：在 FlexRay 协议的开发过程中，关注的主要问题是灵活性，反映在如下几个方面。

a. 支持多种方式的网络拓扑结构。

b. 消息长度可配置：可根据实际控制应用需求，为其设定相应的数据载荷长度。

c. 使用双通道拓扑时，即可用以增加带宽，也可用于传输冗余的消息。

d. 周期内静态、动态消息传输部分的时间都可随具体应用而定。

9.2.2.1　FlexRay 网络拓扑结构

FlexRay 通信系统由多个 FlexRay 节点和节点间互连的物理传输介质（FlexRay 总线）构成。由于 FlexRay 通信不限于任何特定的物理拓扑，因此 FlexRay 的拓扑有多种结构，基本结构有总线型、星型和混合型三大类，再结合单通道和双通道的使用（FlexRay 的两个通道可相互独立实现，所以两个通道可采用不同的拓扑结构，如一个通道为主动星形拓扑，另一个为总线拓扑结构），所以最终组合的结果可形成很多种。再例如既有点对点的线性结构和多节点的线性结构，还有增加冗余性的双通道星形拓扑结构等。

（1）单信道总线型（图 9-3）

单信道的总线长度：$L \leqslant 24\text{m}$。子模块数量：$4 \leqslant n \leqslant 22$。

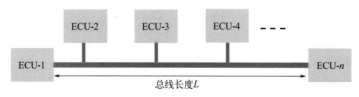

图 9-3　单信道总线型拓扑结构

（2）单信道星形

星形结构有两种，即无源星形和有源星形。

对于连接两个以上的 ECU，可以使用无源星形结构，在无源星形结构上，所有 ECU 都连接到单个接头。无源星形网络的原理如图 9-4 所示，各支路的总线长度和 ECU 数量是相互影响的，且受到电缆类型、终端类型等其他物理参数的限制。

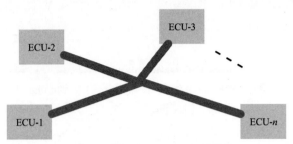

图 9-4　单信道无源星形拓扑结构

主动星形网络使用有源节点和 ECU 之间的点对点连接。与 ECU 连接的有源节点具有将一个分支上的数据流传输到所有其他分支的功能（图 9-5）。由于有源节点装置包含用于每个支路的发射器和接收器电路，因此每条支路实际上彼此独立。

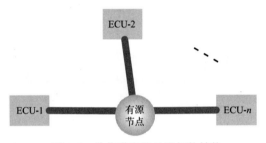

图 9-5　单信道有源星形拓扑结构

（3）单信道混合型

在有源星形网络中，有源星形的一个或多个分支可以构建为线性无源总线或无源星形（图 9-6）。

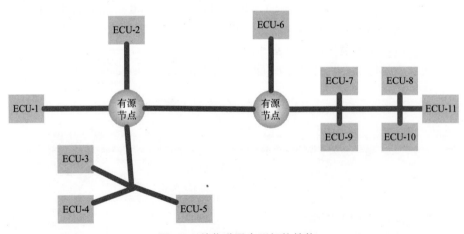

图 9-6　单信道混合型拓扑结构

（4）双信道——可独立选择拓扑形式

FlexRay 通信模块可提供两个信道，这既可用于增加带宽，也可加入冗余信道，以提高容错水平。两个信道可以采用不同的拓扑结构，互相不影响。如图 9-7 所示，一个通道采用总线型，另一个信道采用星形。

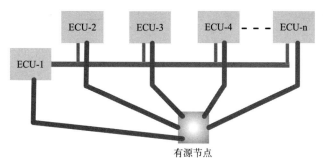

图 9-7　双信道拓扑结构例

9.2.2.2　FlexRay 节点

FlexRay 节点是接入车载网络中的独立完成相应功能的控制单元，主要由电源供给系统（power supply）、主控制器（host）、FlexRay 通信控制器（communication controller）、可选的总线监控器（bus guardian）和总线驱动器（bus driver）组成，如图 9-8 所示。主处理器提供和产生数据，并通过 FlexRay 通信控制器传送出去。其中 BD 和 BG 的数量对应于通道数，与通信控制器和微处理器相连。总线监控逻辑必须独立于其他的通信控制器。总线驱动器连接着通信控制器和总线，或是连接总线监控器和总线。

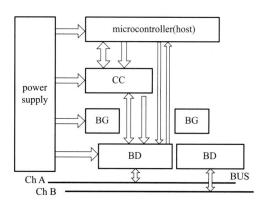

图 9-8　FlexRay 节点

节点的两个通信过程如下。

① 发送数据：host 将有效的数据送给 CC，在 CC 中进行编码，形成数据位流，通过 BD 发送到相应的通道上。

② 接收数据：在某一时刻，由 BD 访问栈，将数据位流送到 CC 进行解码，将数据部分由 CC 传送给 host。

9.2.2.3 FlexRay 数据帧结构

数据帧由帧头（header segment）、有效载荷段（payload segment）和尾部校验段（trailer segment）三部分组成。FlexRay 数据帧结构如图 9-9 所示。

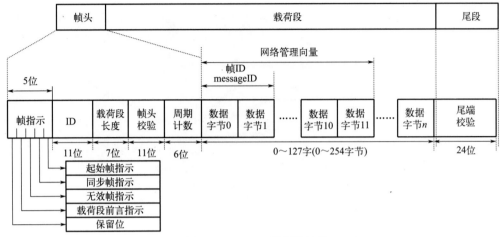

图 9-9 FlexRay 数据帧结构

① 帧头共由 5 个字节（40 位）组成，包括以下几位。

a. 保留位(

1 位)

:为日后的扩展做准备；

b. 负载段前言指示(

1 位)

:指明负载段的向量信息；

c. 无效帧指示(

1 位)

:指明该帧是否为无效帧；

d. 同步帧指示(

1 位)

:指明这是否为一个同步帧；

e. 起始帧指示(

1 位)

:指明该帧是否为起始帧；

f. 帧 ID(11 位)

:用于识别该帧和该帧在时间触发帧中的优先级；

g. 载荷段长度(7 位):标注一帧中能传送的字数；

h. 帧头校验 CRC(11 位):用于检测传输中的错误；

i. 周期计数(

6 位)

:每一通信开始,所有节点的周期计数器增 1。

② 载荷段是用于传送数据的部分，FlexRay 有效载荷段包含 0～254 个字节

数据。

对于动态帧，有效载荷段的前两个字节通常用作信息 ID，接收节点根据接收的 ID 来判断是否为需要的数据帧。

对于静态帧，有效载荷段的前 13 个字节为网络管理向量（NM），用于网络管理。

③ 尾段只含有 24 位的校验域，包含了由头段与有效载荷段计算得出的 CRC 校验码。计算 CRC 时，根据网络传输顺序将从保留位到载荷段最后一位的数据放入 CRC 生成器进行计算。

9.2.2.4　FlexRay 通信方式

FlexRay 节点包含两种通信方式：TDMA 和 FTDMA（flexible time division multiple access，柔性时分多路访问），后者的核心包含 TDMA（time division multiple access）。

TDMA 基于通信调度表。通信调度表由若干等长的静态时隙（static slot）组成，每个静态时隙分配给一个 FlexRay 节点。通信期间，FlexRay 节点可以根据此调度表访问通信介质（总线）。从第一个静态时隙到最后一个静态时隙，每一个静态时隙对应的 FlexRay 节点可以在该时隙获得对总线的独占访问权，传输分配给静态时隙的报文。

通信期间，所有 FlexRay 节点会周期性地执行通信调度表。因此，所有静态报文会在指定时间段发送。通信调度表只定义 FlexRay 通信周期。每个通信周期都具有相同的可配置时间间隔，且每个通信周期由静态段（static segment）、动态段（dynamic segment）、特征窗（symblo window）和网络空闲时间（network idle time）四部分构成（图 9-10）。

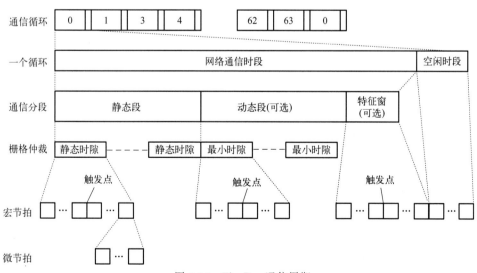

图 9-10　FlexRay 通信周期

（1）静态段（static segment）
静态段采用 TDMA 方式，由固定的时隙（slot）组成，不可更改且所有时隙大小一致。因此每个节点可拥有一个或多个时隙，这样每个节点在每个通信周期内都可在其所占有的时隙内发送，两个节点也可在不同的通道上共享同一时隙，单个时隙也可为空（即不被任何节点占用），所有的帧和时隙在静态段都具有相同的长度。单个时隙的长度由总线中最长的 FlexRay 消息决定，其包括四部分：信息触发点（action point offset）、FlexRay 数据帧、通道空闲分隔符（channel idle delimiter）（11 个隐性位）和通道空闲标识（channel idle）。

（2）动态段（dynamic segment）

动态段采用灵活时分多址 FTDMA 方式访问，由微时隙（minislot）组成，空的微时隙的大小都一样，只有很短的时间片段，这个时间片段可根据需要拓展变动，一般用于传输事件控制型消息。

每个微时隙都是一个发送消息的机会，如果需要发送消息，则微时隙扩展为一个正常的帧发送。如果未发送消息，则微时隙将作为一个短的时间片段使用，所有发送模块都会观察是否需要发送消息，以便计算微时隙在动态段每帧可能有不同的长度，动态段具体的时隙（dynamic slot）的长度依赖于帧的长度。

（3）特征窗（symbol window）

特征窗是用于传输特征符号。FlexRay 的符号有三种。

① 冲突避免符号：用于冷启动节点的通信启动。

② 测试符号：用于总线的测试。

③ 唤醒符号：用于唤醒过程的初始化。

（4）网络空闲时间（network idle time，NIT）

用于时钟同步处理。

9.3 动力底盘域的故障诊断和处理

动力域和底盘域对可靠性的要求非常高，完善的故障诊断有助于系统功能安全等级的提高，动力底盘域的故障分为两种类型：①独立故障，这类故障由域内各个子模块依据自身的软硬件设计进行判断识别，例如电池包故障、电机驱动系统故障、DC/DC 故障、转向系统故障、制动系统故障等；②系统故障，某些故障依靠独立子模块内部本身的软硬件不易识别，这类故障综合各个执行模块的信息以及传感器甚至其他域的信息加以识别，例如动力系统中传动系机械损伤、电池包性能的下降、电驱动系统机械磨损或接触不良等，这些故障识别困难，这就需要通过域控制器结合车辆状态来实现。

9.3.1 基于信号处理的故障诊断

对获取的信号进行分析和处理是常见的故障诊断方式，常用的信号处理包括谱分析、小波变换以及信息融合等常见的故障诊断方法。谱分析的方法简单，物理意义明确，但对于复杂的信号和噪声较大的信号难以识别；小波变换具有抑制系统振动、高灵敏度以及运算量较小的优点；信息融合的故障诊断方法的优点在于其拥有着很强的概括性，并且其适用范围较广。

9.3.1.1 小波变换法

小波变换既是时间尺度分析，又是时间-频率分析，它具有多分辨率的特点，且在时频域具有表征信号局部特征的能力，利用小波变换的奇异点（如过零点、极值点）在多尺度下的综合表现来检测信号的局部突变点，因为小波变换本身对信号的奇异点十分敏感，所以这个特点可以用于跟踪那些非平稳、非线性和随机信号。小波分析能将不同频率组成的混合信号分解成不同频率的块信号，可有效地进行信噪分离、信号特征提取、故障诊断等。

小波变换的定义如下。

记 $L^2(R)$ 是定义在整个实数轴 R 上，且满足式（9-1）的全体可测函数 $f(x)$ 及其相应的函数运算和内积所组成的集合。

$$\int_{-\infty}^{+\infty} |f(x)|^2 \mathrm{d}x < +\infty \tag{9-1}$$

那么小波就是函数空间 $L^2(R)$ 中满足下述条件的一个函数或信号 $\Psi(t)$。

$$C_{\Psi} = \int_{R^*} \frac{|\Psi(\omega)|^2}{|\omega|} \mathrm{d}\omega < +\infty \tag{9-2}$$

或

$$\int_R \Psi(\omega) \mathrm{d}\omega = 0 \tag{9-3}$$

式（9-2）和式（9-3）称为允许性条件。R^* 代表全体非零实数。$\Psi(t)$ 为基本小波，或小波母函数。函数 $f(t) \in L^2(R)$ 的连续小波变换定义为

$$WT(a,\tau) = \frac{1}{\sqrt{a}} \int_{-\infty}^{\infty} f(t) \Psi(\frac{t-\tau}{a}) \mathrm{d}t \tag{9-4}$$

式中 　a——尺度因子；

　　　τ——时移；

　$\Psi(t)$ ——小波母函数。

常见的小波母函数有：Daubechies 小波、Harr 小波以及 Morlet 小波等。

Daubechies 小波是由法国学者 Daubechies 提出的一系列二进制小波的总称，该小波没有明确的解析表达式，小波函数与尺度函数的有效支撑长度为 $2n-1$。当 n 取 2 时便成为 Haar 小波，Harr 小波函数见式（9-5）。

$$\Psi(t) = \begin{cases} 1, 0 \leqslant t \leqslant \dfrac{1}{2} \\ -1, \dfrac{1}{2} \leqslant t \leqslant 1 \\ 0, 其他 \end{cases} \tag{9-5}$$

式（9-6）为 Morlet 小波函数。

$$\Psi(t) = \mathrm{e}^{j\omega_0 t} \mathrm{e}^{\frac{-t^2}{2}} \tag{9-6}$$

由定义连续小波变换定义可知，小波变换 $WT(a,\tau)$ 是尺度 a 与空间位置 τ

的函数。小波变换通过 $\Psi(t)$ 在尺度上的伸缩和空间域（时域）上的平移来分析信号。如图 9-11 所示为不同尺度下小波变换对信号分析的时-频域窗口，可以看出，尺度 a 增大时，$\Psi(t)$ 在空间域（时域）上伸展，小波变换的空间域分辨率降低；$\Psi(t)$ 在频域上收缩，其中心频率降低，变换的频域分辨率升高。反之，尺度 a 减小时，$\Psi(t)$ 在空间域（时域）上收缩，小波变换的空间域分辨率升高；$\Psi(t)$ 在频域上伸展，其中心频率升高，变换的频域分辨率降低。即：当检测低频信号时（即对于大的 $a>0$），时间窗会自动变宽，以便在低频域用低频对信号进行轮廓分析。反之，当检测高频信息时，（即对于小的 $a>0$），时间窗会自动变窄，以便在频率域用较高的频率对信号进行细节分析。因而，小波分析具有"数学显微镜"的美誉。

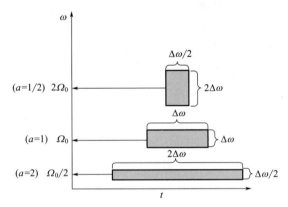

图 9-11　不同尺度下小波变换对信号分析的时-频域窗口

通过小波变换可以对信号做联合时-频域分析得到其特征。如图 9-12 所示是小波变换联合时-频域分析，最下图是信号在时域的波形，右上图为该信号的频谱，左上图为联合时频分析一种算法的结果，通过联合时频分析可以清楚地看

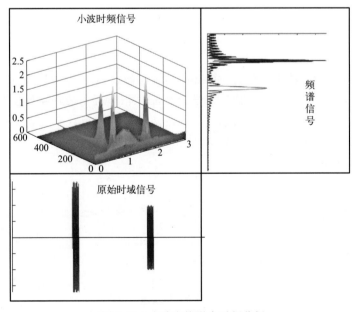

图 9-12　小波变换联合时频分析

到。传统傅里叶变换只能分辨出含有两个频谱的信号，不能从时域上分辨出包括两个频率信号何时出现，而小波分析则可以明确地分析出各个信号的时域和频域特点。

9.3.1.2　信息融合法

信息融合又称数据融合，是对多种信息的获取、表示及其内在联系进行综合处理和优化的技术。经过融合后的传感器信息具有以下特征：信息冗余性、信息互补性、信息实时性、信息获取的低成本性。常用的信息融合算法如表 9-2 所示。

表 9-2　常用的信息融合算法

经典方法		现代方法	
统计方法	估计方法	信息论方法	人工智能方法
贝叶斯估计 经典推理法 D-S证据推理	加权平均法 极大似然估计 最小二乘法 卡尔曼滤波法	聚类分析 模板法 熵方法	模糊推理 产生式规则 神经网络 遗传算法 模糊积分理论

9.3.2　基于知识的故障诊断

对于很多系统故障，由于故障的初期有较强的隐蔽性，很难通过信号处理的方式得到明确的结果，然而在故障发生时，系统输出的某些特征会有所变化，根据获取的特征信息，对系统输出结果进行分析，最终得出诊断结果。随着汽车智能网联技术的发展，域控制器能够获得的数据越来越丰富，基于知识的故障诊断方法，由于其建模简单、适用范围广，因此在车辆故障诊断领域有的广阔的应用前景。主流的基于知识的故障诊断技术有模糊故障诊断技术、专家系统故障诊断技术、神经网络故障诊断技术和故障树分析等。

模糊诊断技术是指利用模糊逻辑来描述故障原因与故障现象之间的模糊关系，通过隶属函数和模糊关系方程解决故障原因，模糊诊断技术不需要建立精确的系统数学模型，能够模拟人类处理问题的方式。但其缺陷在于很大限度地依赖人的经验，本身不具有学习能力，系统越复杂，则诊断系统的结构也变得越复杂，诊断时间大大增加。常用的模糊诊断方法一般步骤是检测信号经过模糊化单元处理后，输入模糊推理规则库中进行分析，其输出即为故障信息的模糊输出，经过解模糊单元处理后即可得出故障原因。

专家系统故障诊断技术是指将某个领域专家解决特定领域的知识，采用某种知识表示方法编辑或自动生成某种特定表示形式，存放在知识库中，然后用户通过人机接口输入信息、数据或命令，运用推理机构控制知识库及整个系统，能像专家般分析出系统的故障。传统的专家系统的核心主要包括以下几部分：故障数据库、知识规则库、故障推理机、人机接口等。专家系统有三个特点，即：启发性，能运用专家的知识和经验进行推理和判断；透明性，能解决本身的推理过程，能回答用户提出的问题；灵活性，能不断地增长知识，修改原有的知识。

神经网络故障诊断技术是指利用人工神经网络通过对输入信息的学习、记忆和归纳，得到故障分析结果的方法，人工神经网络故障诊断不需要建立精确的数学模型，可以处理非线性问题，具有并行计算能力，不需要诊断和推理规则，它通过一组样本的输入与输出之间的映射关系进行，按照设定的准则可以自学习。神经网络以分布的方式存储信息，通过神经元之间拓扑结构和权值分布逼近非线性系统，并能做到并行运算，具有一定的泛化和容错能力。神经网络故障诊断有很多方式，应用 BP 神经网络做故障诊断是目前比较常用的方法。

故障树分析（FTA）是由上往下的演绎式失效分析法，利用布林逻辑组合低阶事件，分析系统中不希望出现的状态。故障树分析主要用在安全工程以及可靠度工程的领域，用于了解系统失效的原因，并且找到最好的方式降低风险，或是确认某一安全事故或是特定系统失效的发生率。

9.3.3 基于模型的故障诊断

常用的基于模型的故障诊断方法主要包括基于参数估计的故障诊断和基于状态观测器的故障诊断。观测器方法目前是一种较为成熟的故障诊断方法，它的原理是先对检测系统的模型进行状态空间建模，通过对于观测器的输出和系统实际输出的差异进行检测，来确定系统是否发生故障，其原理如图 9-13 所示：

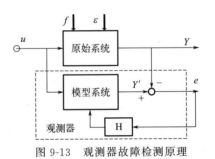

图 9-13　观测器故障检测原理

基于观测器的故障估计方法的核心在于观测器的设计，其主要目的是首先分析系统内部的状态变化，然后通过可测的输入和输出量估计不可测的状态变量，提取故障的特征信息，辨识及确定故障，如鲁棒观测器、龙伯格观测器、滑模观测器和多重观测器等。

在依赖于数学模型的各个故障诊断方法中，滑模理论相关的研究最为广泛。滑模控制对动态系统的干扰、参数不确定项和非线性项等有抗干扰性，能较为有效地控制不确定参数项和未知干扰项对系统的副作用，在故障诊断的相关领域都具有良好的应用前景。在基于观测器的故障诊断方法中加入滑模控制的方法，基于等值原理分析设计出一种特殊的非线性观测器——滑模观测器，使得输出估计误差在有限的时间内趋向于零，对故障进行准确的信号重构。

第
10
章

环境感知系统

环境感知技术是无人驾驶汽车技术的一个重要组成部分，可以这样说，无人驾驶汽车没有环境感知技术，就像人没有视听感觉一样。无人驾驶汽车靠一些外在传感器来识别环境，目前常用摄像机、激光雷达、毫米波雷达、超声波等车载传感器来感知周围的环境，依据所获取的信息进行决策判断，由适当的工作模型来制定相应的策略，如预测本车与其他汽车、行人等在未来一段时间内的运动状态，并进行避碰路径规划。在规划好路径之后，接下来需要控制汽车沿着期望的轨迹行驶。

环境感知作为其他部分的基础，处于无人驾驶汽车与外界环境信息交互的关键位置，是实现无人驾驶的前提条件，起着人类驾驶员"眼睛"和"耳朵"的作用。环境感知技术利用摄像机、激光雷达、毫米波雷达、超声波等车载传感器，以及 V2X 和 5G 网络等获取汽车所处的交通环境信息和汽车状态信息等多源信息，为无人驾驶汽车的决策规划进行服务。

10.1 摄像机

所谓时空坐标系，包括三维空间坐标系和一维时间坐标系。在此基础上，用解析的形式（坐标）把物体在空间和时间的位置、姿态表示出来。一般三维空间坐标系用三个正交轴 X、Y、Z 表示物体的位置，用绕这三个正交轴的旋转角度 [roll（横滚角）、pitch（俯仰角）和 yaw（偏航角）] 表示物体的姿态。时间坐标系只有一个维度。为了表述方便，一般将空间坐标和时间坐标分开讨论。

摄像机/摄像头以其低廉的价格、丰富的图像信息，成为无人驾驶中最受人们关注的传感器之一。摄像头的作用是把三维世界中的形状、颜色信息，压缩到一张二维图像上。基于摄像头的感知算法则是从二维图像中提取并还原三维世界中的元素和信息，如车道线、汽车、行人等，并计算它们与自己的相对位置。

电脑上存储的照片或图像，一般以左上角为原点，向右为 x 正方向，向下为 y 正方向，单位以"像素"最为常用。图像坐标系为二维坐标系，标记为 (X_i, Y_i)。

由于图像坐标系向右为 x，向下为 y，所以摄像机坐标系以镜头主光轴中心为原点，一般向右为 x 正方向，向下为 y 正方向，向前为 z 正方向。这样，x、y 方向与图像坐标系的方向吻合，z 方向即为景深，同时符合右手坐标系的定义，便于算法中的向量计算。摄像机坐标系记为 (X_c, Y_c)。

为了能够定量描述三维空间到二维图像的映射关系，图形学里引入了像平面坐标系。它是摄像机坐标系的一个平移，中心仍在摄像机主光轴上，距离光轴中心的距离等于摄像机的焦距。

摄像机会在光轴中心后方的底片上成一个缩小的倒像，是真正的像平面 (X_f', Y_f')。但是为了分析和计算方便，会在光轴中心前方设立一个虚拟像平面

(X_f,Y_f)。虚拟像平面上的成像为正像，大小与真实倒像相同，如图 10-1 所示。

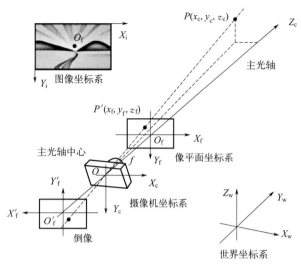

图 10-1　摄像机系统

简单来讲，从摄像机坐标系到像平面坐标系存在以下简单映射关系。

$$x_f = f\left(\frac{x_c}{z_c}\right), y_f = f\left(\frac{y_c}{z_c}\right) \tag{10-1}$$

式中　f——摄像机焦距。

从以毫米为单位的像平面坐标系到以像素为单位的图像坐标系，存在线性转换关系。

$$\begin{bmatrix} x_i \\ y_i \\ 1 \end{bmatrix} = \begin{bmatrix} s_x & 0 & c_x \\ 0 & s_y & c_y \\ 0 & 0 & 1 \end{bmatrix} \begin{bmatrix} x_f \\ y_f \\ 1 \end{bmatrix} \tag{10-2}$$

式中　s_x, s_y——图像上每个像素在像平面上所对应的物理尺寸，像素/mm；

c_x, c_y——像平面中心在图像中的位置，像素。

摄像机的焦距（f）、像素尺寸（s_x, s_y），和图像中成像中心的位置（c_x, c_y）在计算机图形学中被称为摄像机的内部参数，简称内参，用于确定摄像机从三维空间到二维图像的投影关系。实际应用中摄像机的内参会更为复杂，还包括图像的畸变率等参数。在无人驾驶应用中，摄像机的内参为常数，使用中不会发生变化，但需要在使用前做好标定工作。

摄像机的拍摄过程，可以抽象成是从三维摄像机坐标系映射到二维像平面坐标系，再映射到图像坐标系的过程。图像感知算法则是这一过程的逆过程，通过二维图像推断物体在三维摄像机坐标系中的位置，例如获得距离（深度）信息。

如果需要获得物体在世界坐标系中的位置，则还需要知道摄像机在世界坐标系中的位姿。这一位姿表示被称为摄像机的外部参数，简称外参，用于决定摄像机坐标系与世界坐标系之间相对位置关系。无人驾驶应用中，得到这一位置关系还需要一系列的标定和定位工作。

10.2 激光雷达

激光雷达是指以发射激光束来探测目标位置的雷达系统，其工作范围在红外和可见光波段。根据扫描机构的不同，激光雷达有二维和三维两种。它们中的大部分都是靠一个旋转的反射镜将激光发射出去，并通过测量发射光和物体表面反射光之间的时间差来测距，三维激光雷达的反射镜还附加一定范围内俯仰以达到面扫描的效果。

测量时漂性是指当激光雷达在开启固定时间后，数据趋于稳定的特性。激光雷达的测量稳定性在汽车环境感知系统中起着至关重要的作用。激光雷达的测量稳定性的确定，可用于提取有效检测范围内的最优数据，以确保算法的准确性，减小障碍物误识率。

激光雷达发出的是锥形光束，光束直径随传播距离的增加而变大。当光束遇到物体边缘时，部分光束会投射到前景物体边缘，另外一部分光束会投射到背景物体上，即会产生混合像素，如图 10-2 所示。此时返回的测量距离会位于前景物体边缘与背景物体之间。该距离值的大小与光斑打在每个障碍物上的面积及激光雷达到每个障碍物的距离有关。

设混合像素距离值为 d，激光雷达到障碍物一、障碍物二的距离分别为 d_1、d_2，激光束打在障碍物一上的面积比为 α，打在障碍物二上的面积比为 β，如图 10-3 所示，则混合像素距离值 d 为

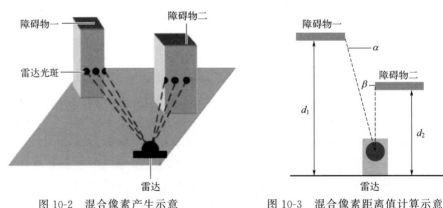

图 10-2　混合像素产生示意　　　图 10-3　混合像素距离值计算示意

$$d = \alpha d_1 + \beta d_2 \tag{10-3}$$

在从激光雷达获得的每帧数据中，找出障碍物的边缘突变点，作为激光雷达到障碍物的距离，选取介于两个障碍物之间的"噪声点"作为混合像素点。

10.2.1　二维光雷达

SICK LMS511 雷达是一种二维激光雷达，如图 10-4 所示。它可扫描某一区

域，并根据区域内各个点与扫描仪的相对位置，返回测量值。SICK LMS511 的测量数据用极坐标表示，返回的是测量物体与扫描仪扫描中心之间的距离和相对角度。

图 10-4　SICK LMS511 雷达

SICK LMS511 激光雷达可以设置多种角度分辨率和扫描频率组合，它输出的每个光束的测量距离表达方式与所设置的角度分辨率及扫描频率有关。

（1）数据接口

SICK LMS511 激光雷达通过参数设置可以选择多种不同的数据传输方式，如通过网络接口传输、通过 USB 接口传输、通过串口传输等。为了能够实时地获取雷达的测量数据，通常采用网络接口传输的方式。

采用网络接口传输方式连接上位机与 SICK LMS511 激光雷达，首先需要在两者之间建立 TCP/IP 连接，由上位机向激光雷达发送扫描请求，随后激光雷达通过网络接口按设定频率发送数据包。

（2）SICK LMS511 激光雷达报文分析

对于网络接口的传输方式，SICK LMS511 激光雷达的报文采用 ASCⅠ码形式。对于数据处理，首先需要把 ASCⅡ码表达的数值转化为对应的二进制数值进行初始化设置后。

激光雷达将按照定义的报文格式输出。数据包以 STX（0x02）为包头，以 ETX（003）为数据的包尾，包头后的"SSN LMDscandata"是对雷达设置指令连续测量的应答，接下来是 11 位数（数据与数据间由空格 0x20 间隔）的雷达版本信息、设备信息、状态信息以及保留字，然后是雷达扫描频率、测量频率、编码器数量、通道数，接着是输出数据的通道号、比例因子、比例因子偏移，再然后是起始角度和角度分辨率、测量数据数量，最后是具体的数据值。

SICK LMS511 激光雷达数据接收流程如图 10-5 所示。先找包头，然后继续找通道号，找到通道号后将数据存储的指针指向对应通道的数据数组，并依此接收起始角度、角度分辨率、数据数量以及具体测量值等，接收的数值保存在数据存储指针指向的数组中，由此获得一帧激光雷达测量的障碍物距离值。常用的一个小技巧是通过检测空格来作为数据与数据间的区分，两个空格间的报文是一个完整数据，通过函数将其由 ASCⅡ码转换为相应的值。

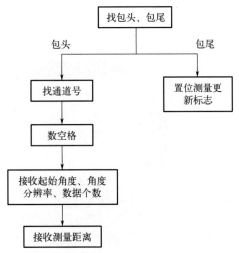

图 10-5　SICK LMS511 激光雷达数据接收流程

SICK LMS511 激光雷达传输的数据经过转换得到极坐标下的角度和距离，可以表示为 $L=(\rho,\theta)$，其中 ρ 是距离值，θ 是对应角度。为方便使用，首先需要将测量结果从极坐标系下表示的参数转换到笛卡儿坐标系下的参数表示方法 (x,y)，其中 x 和 y 分别为传感器笛卡儿坐标系下的横坐标值与纵坐标值。转换方法如式(10-4) 所示。

$$\begin{cases} x=\rho\cos\theta \\ y=\rho\sin\theta \end{cases} \tag{10-4}$$

10.2.2　三维激光雷达

二维激光雷达实际上是一种单层激光雷达，与之对应的是多层激光雷达，或称为多线激光雷达，如 LD_ML 四线激光雷达、HDL-64ES2 激光雷达。由于它们可以构成垂直视野，其输出数据包含高度信息，通常也称为三维激光雷达。与二维激光雷达相比，三维激光雷达在无人驾驶汽车上的应用更多一些，但是三维激光雷达价格较贵。下面是对 Velodyne HDL-64ES2 激光雷达的一些介绍。

(1) 参数与指标

Velodyne HDI-64ES2 激光雷达传感器是一款多光束三维成像激光扫描系统，广泛应用于无人驾驶、三维地图和无人机等领域

Velodyne HDL-64ES2 激光雷达的总体设计如图 10-6 所示。该雷达共有 64 根激光扫描束，在其内部按垂直方向排列，垂直方向的可视范围为 26.8°。由于激光发射、接收装置安装在一个旋转马达上，故水平方向的可视范围可以达到全向 360°。

该雷达的各项关键性能指标如表 10-1 所示。

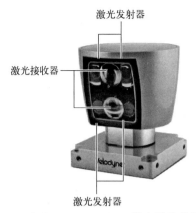

激光发射器

激光接收器

激光发射器

图 10-6 Velodyne HDL-64ES2 激光雷达的总体设计

表 10-1 Velodyne HDL-64ES2 激光雷达的各项关键性能指标

性能指标	参数
激光发射器/接收器数目	64 个
最大平扫描角度	360°
垂直扫描角度	26.8°
角度分辨率	0.09°
扫描频率	5～20Hz
最远检测距离	120m
测量精度	<2cm
旋转转速	300～1200r/min
输入电压	12V(DC)
数据量	每秒 133 万个三维数据点

（2）Velodyne HDL-64ES2 激光雷达的数据协议

Velodyne HDL-64ES2 激光雷达是通过 UDP 协议向上位机发送测量数据的，它的输出为 UDP 数据包，每个数据包都包含每一激光束返回的距离信息和角度信息。Velodyne HDL-64ES2 激光雷达的激光发射器和激光接收器的分布如图 10-6 所示，64 对激光发射器和激光接收器分为上、下两层，上、下层分别放置 32 对激光发射器和激光接收器。在数据传输时，数据也是由上、下层检测数据分开发送的，下面以一层检测数据作为例子详细说明。定义一个完整上层（或者下层）检测数据为一个子数据包，如图 10-7 所示。它包括 2 字节的 laser block id，表征该子数据包是上层检测数据或下层检测数据，laser block Ⅱ 的值为 0EEFF 时表示上层雷达检测数据，值为 0 xDDFF 时表示下层雷达检测数据；另外包括 2 字节的 rotation position，表示激光雷达电机旋转的角度位置；接下来是激光雷达检测的 32 组检测数据，每一组检测数据包括 2 字节的距离值以及 1 字节的回波强度值。在相同角度位置下的两个相邻子数据包构成 Velodyne HDL-64E82 激光雷达在某一位置、同一时刻的一次测量，这 64 个测量点近似在垂直方向的同一个扇面上，定义这两个子数据包组成的一个扇面上的测量为一扇数据包，定义激光雷达旋转一周（360°）的完整测量为一帧数据。

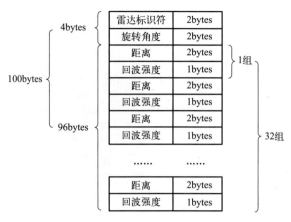

图 10-7 Velodyne HDL-64ES2 激光雷达数据协议

10.3 毫米波雷达

毫米波雷达是指工作频率通常选在 30～300GHz 频域（波长为 1～10mm）的雷达，通过向障碍物发射波长为 1～10mm 的电磁波，并接收回波来精确探测目标的距离、速度和角度，其全天候、全天时以及准确的测速和测距深受开发者的喜爱。

凭借出色的测距和测速能力，毫米波雷达被广泛应用在自适应巡航控制（ACC）、前向防撞报警（FCW）、盲点检测（BSD）、辅助停车（PA）、辅助变道（LCA）等汽车 ADAS 中。图 10-8 示出这些传感器的工作区域。

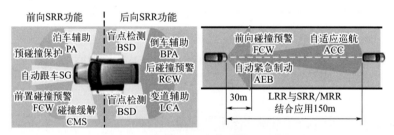

图 10-8 无人驾驶汽车传感器的工作区域

毫米波雷达波束窄、角分辨力高、频带宽、隐蔽性好、抗干扰能力强、体积小、重量轻，最大优点是可测距离远。与红外、激光设备相比较，具有对烟、尘、雨、雾良好的穿透传播特性，不受雨雪等恶劣天气的影响，抗环境变化能力强。目前车载毫米波雷达根据测量原理不同，一般分为脉冲方式和调频连续波方式两种。采用脉冲方式的毫米波雷达需要在短时间内发射大功率信号脉冲，通过脉冲信号控制雷达的压控振荡器从低频瞬时跳变到高频；同时，在对回波信号进行放大处理之前，需将其与发射信号进行严格的隔离。因此这种雷达在硬件结构上比较复杂，成本高，在车用领域应用较少。目前绝大多数车载毫米波雷达采用调频连续波方式，其测量原理如图 10-9 所示。

调频连续波测距方式的雷达结构简单、体积小，最大的优势是可以同时得

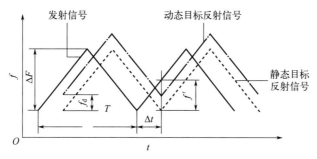

图 10-9 调频连续波雷达测量原理

到目标的相对距离和相对速度。它的基本原理是当发射连续的调频信号遇到前方目标时，会产生与发射信号有一定延时的回波，再通过雷达的混频器进行混频处理，混频后的结果与目标的相对距离和相对速度有关，雷达测距和测速的计算公式如式(10-5) 所示。

$$
\begin{cases}
s = \dfrac{c\,\Delta t}{2} \\[2mm]
\Delta t = \dfrac{T_o f}{2\Delta f} \\[2mm]
v_r = \dfrac{c f_d}{2 f_o}
\end{cases}
\tag{10-5}
$$

式中　s——相对距离，m；

　　　c——光速，m/s；

　　　f——发射信号与反射信号的频率差，Hz；

　　Δf——调频带宽，Hz；

　　　T_o——信号发射周期，s；

　　　f_d——多普勒频率，Hz；

　　　f_o——发射信号的中心频率，Hz；

　　　v_r——相对速度，m/s。

毫米波雷达一方面可以连续地同时测量目标的纵向相对距离、相对速度和横向位置信，且前后时刻的测量信息相互独立；另一方面可以有效跟踪多个目标。这些优良性能为前方有效目标的检测奠定了基础。

毫米波雷达有很多种类，以 ESR（electronically scanning radar）高频电子扫描毫米波雷达为例介绍毫米波雷达的性能参数。

ESR 高频电子扫描毫米波雷达在其视域内可同时检测 64 个目标。该雷达发射波段为 76~77GHz，同时具有中距离和远距离的扫描能力。

10.4　车体坐标系

车体坐标系用于描述汽车周围的物体和本车之间的相对位置关系。目前学术界和工业界有几种比较常用的车体坐标系定义方式。分别是 ISO 国际标准定义，SAE（Society of Automotive Engineers）汽车工程师协会定义，和基于惯性测量单元 IMU 的坐标定义，如表 10-2 所示。

表 10-2　车体坐标系不同定义方式

项目	ISO 定义	SAE 定义	IMU 定义
X 正方向	前	前	右
Y 正方向	左	右	前
Z 正方向	上	下	上
横摆正方向	向右	向右	向右
俯仰正方向	向下	向上	向下
偏航正方向	逆时针	顺时针	逆时针
中心	车辆重心	车辆重心	IMU 位置
右手坐标系	是	是	是

在汽车动力学分析中，ISO 定义的车体坐标系较为常见。SAE 定义的车体坐标系与航空航天领域常用的机体坐标系相一致。基于 IMU 定义的车体坐标系，则在 IMU 的相关应用中较为常见。无论使用哪一种坐标系定义，只要使用正确，都可以完成对车身位姿的描述，以及确定周围物体和本车间的相对位置关系。研发人员可以根据应用需求和使用习惯来选择车体坐标系，如图 10-10 所示。

车体坐标系，以及基于大地坐标的世界坐标系。在实际应用中，需要通过

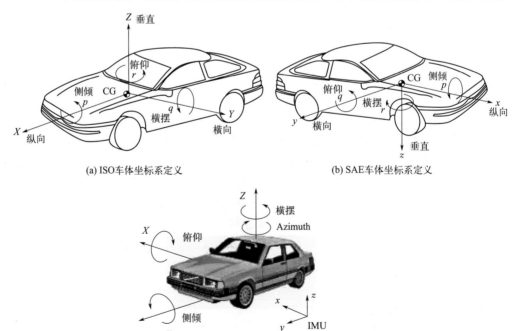

(a) ISO车体坐标系定义　　　　　　　(b) SAE车体坐标系定义

(c) 基于惯性测量单元的车体坐标系定义

图 10-10　车体坐标系不同定义方式

不同传感器确定障碍物与无人驾驶汽车间的相对位置，同时需要知道本车在世界坐标和地图中的位置与姿态，如图 10-11 所示。这就需要将不同的坐标系关联起来，并建立它们之间的转换关系。

图 10-11　无人驾驶系统中的多个坐标系

10.4.1　单目视觉标定

（1）摄像机模型的建立

摄像机模型的建立，主要是建立世界坐标系（即系统坐标系中的车体坐标系）、摄像机坐标系和图像坐标系之间的关系。图像坐标系分为图像物理坐标系和图像像素坐标系两种，如图 10-12 所示。图像物理坐标系 $o_u x_u y_u$，其原点为透镜光轴与成像平面的交点 o_u，x_u 与 y_u 轴分别平行于摄像机坐标系的 x_c 轴与 y_c 轴，是平面直角坐标系，单位为 mm。图像像素坐标系 $o_u uv$，固定在图像上的以像素为单位的平面直角坐标系，其原点位于图像左上角，u 与 v 轴平行于图像物理坐标系的 x_u 与 y_u 轴，对于数字图像，分别为行、列方向。

三维空间上的物体从车体坐标系转换至图像坐标系，即使用针孔摄像机模型，通过将三维空间中的点透视变换投影到图像平面上，如图 10-13 所示为摄

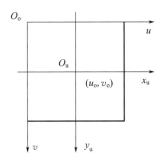

图 10-12　图像像素坐标系

像机透视变换投影模型，下面以物点 P 为对象，对该模型进行分析。

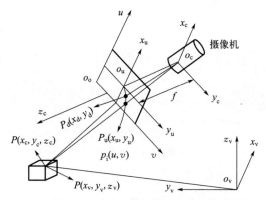

图 10-13　摄像机透视变换投影模型

车体与摄像机为刚性连接，因此车体坐标系中物点 $P(x_v, y_v, z_v)$ 到摄像机坐标系 $P(x_c, y_c, z_c)$ 的转换方程如下。

$$\begin{bmatrix} x_c \\ y_c \\ z_c \end{bmatrix} = R_c \begin{bmatrix} x_v \\ y_v \\ z_v \end{bmatrix} + T_c \tag{10-6}$$

其中，方程 R_c 为 3×3 旋转矩阵。

$$R_c = \begin{bmatrix} r_1 & r_2 & r_3 \\ r_4 & r_5 & r_6 \\ r_7 & r_8 & r_9 \end{bmatrix} \tag{10-7}$$

实际上 R_c 和 T_c 表示摄像机相对于车体坐标系的安装角度和安装位置，因此把 R_c 和 T_c 定义为摄像机外部参数

利用理想针孔摄像机模型，通过透视变换投影将摄像机坐标系中物点 $P_u(x_u, y_u)$ 转换至理想非畸变的图像物理坐标系像点 $P_i(u, v)$，方程如下。

$$u = \frac{x_u}{\mathrm{d}x} + u_0$$

$$v = \frac{y_u}{\mathrm{d}y} + v_0 \tag{10-8}$$

式中　u_0, v_0——图像像素中心的坐标，即摄像机光轴与图像平面的交点；

　　　　$\mathrm{d}x$——摄像机传感器 x 方向的像素单元距离；

　　　　$\mathrm{d}y$——摄像机传感器 y 方向的像素单元距离。

$\mathrm{d}x$ 与 $\mathrm{d}y$ 由摄像机厂家提供，可以在摄像机说明书上查找到，即为已知量。由此摄像机坐标系中物点 $P(x_c, y_c, z_c)$ 与图像像素坐标系中像点 $p_i(u, v)$ 的变换关系如下。

$$\begin{bmatrix} u \\ v \\ 1 \end{bmatrix} = \begin{bmatrix} f_x & 0 & u_0 \\ 0 & f_y & v_0 \\ 0 & 0 & 1 \end{bmatrix} \begin{bmatrix} x_c/z_c \\ y_c/z_c \\ 1 \end{bmatrix} \tag{10-9}$$

其中，$f_x = f/\mathrm{d}x$，$f_y = f/\mathrm{d}y$，分别定义为 x 和 y 方向的等效焦距，f_x、

f_y、u_o、v_o 等参数只与摄像机和镜头的内部结构有关系，因此把 f_x、f_y、u_o、v_o 定义为摄像机内部参数。

通过上述定义的摄像机内部参数和外部参数，可以建立车体坐标系中物点 $P(x_v, y_v, z_v)$ 与图像像素坐标系中像点 $p_i(u, v)$ 之间的转换关系，方程如下。

$$z_c \begin{bmatrix} u \\ v \\ 1 \end{bmatrix} = \begin{bmatrix} f_x & 0 & u_0 \\ 0 & f_y & v_0 \\ 0 & 0 & 1 \end{bmatrix} \left(R_c \begin{bmatrix} x_v \\ y_v \\ z_v \end{bmatrix} \right) + T_c \tag{10-10}$$

式(10-10)为理想的针孔摄像机模型，因此物点 $P(x_v, y_v, z_v)$、光心、像点 $p_i(u, v)$ 三点在同一条直线上，即其数学表达式为共线方程。根据这一特点，在摄像机内部参数确定的情况下，可以利用三维空间上的若干个特征点在车体坐标系中的坐标和图像像素坐标系中的坐标建立约束方程，从而求解出摄像机的六个外部参数，即摄像机相对于车体的相对姿态和相对位置。实际上摄像机并不能完全精确地按照理想的针孔摄像机模型进行透视投影，通常会存在透镜畸变，物点在实际的摄像机成像平面上生成的像与理想成像之间存在一定光学畸变误差，其畸变误差主要是径向畸变误差和切向畸变误差。理想状态下的像点 $P_u(x_u, y_u)$ 与考虑镜头畸变的像点 $P_d(x_d, y_d)$ 存在一定的位置偏差，像点 $P_d(x_d, y_d)$ 表示如下。

$$x_d = f \left\{ \frac{x_u}{f}(1 + k_1 r^2 + k_2 r^4) + 2p_1 \frac{x_u}{f} \times \frac{y_u}{f} + p_2 \left[r^2 + 2\left(\frac{x_u}{f}\right)^2 \right] \right\}$$

$$y_d = f \left\{ \frac{x_u}{f}(1 + k_1 r^2 + k_2 r^4) + 2p_1 \left[r^2 + 2\left(\frac{x_u}{f}\right)^2 \right] + 2p_2 \frac{x_u}{f} \times \frac{y_u}{f} \right\} \tag{10-11}$$

其中
$$r^2 = \left(\frac{x_u}{f}\right)^2 + \left(\frac{y_u}{f}\right)^2 \tag{10-12}$$

上述方程中 k_1 和 k_2 为径向畸变系数，p_1 和 p_2 为切向畸变系数，该模型没有考虑高阶项的畸变系数，畸变系数为摄像机内部参数的一部分。

（2）车载摄像机的参数定标

在实际的车载摄像机应用中，往往忽略摄像机镜头的畸变或者只考虑径向畸变。在车载应用中，摄像机的成像误差要求相对宽松，而且待处理目标通常会在图像中心附近出现，因此其位置误差对于车载应用可以满足。另外，不考虑摄像机镜头畸变可以提高系统的实时性，考虑镜头畸变的摄像机模型比理想的摄像机模型复杂，物点和像点之间的转换计算量会大大增加。根据上述的摄像机模型可以把摄像机参数分为内部参数和外部参数，其中内部参数为 $p_{in}(u_n, v_n)$（不考虑摄像机镜头畸变系数的情况），外部参数为 R_c 和 T_c，实际上 R_c 由偏航角 γ、俯仰角 ϕ、翻滚角 ψ 确定，其表达式如下。

$$R_c = \begin{bmatrix} \cos\psi\cos\gamma & \sin\psi\cos\gamma & -\sin\gamma \\ -\sin\psi\cos\phi + \cos\psi\sin\gamma\cos\phi & \cos\psi\cos\phi + \sin\psi\sin\gamma\sin\phi & \cos\gamma\sin\phi \\ \sin\psi\sin\phi + \cos\psi\sin\gamma\cos\phi & -\cos\psi\sin\phi + \sin\psi\sin\gamma\cos\phi & \cos\gamma\cos\phi \end{bmatrix}$$

$$\tag{10-13}$$

摄像机的内部参数可以通过各种摄像机定标工具箱完成，外部参数可以通过摄像机模型建立约束方程求解，通过提取多个定标物特征点来求解约束方程的外部参数，在图像像素坐标系中，提取到图像特征点为 $p_n(u_n, v_n)$，其中 n 为定标物的特征点数量，利用这些特征点序列即可建立多个约束方程，特征点尽可能地均匀分布在图像分辨率范围内的各个位置，可以利用线性最小二乘法求出其外部参数的最优解。

10.4.2 双目视觉标定

双目视觉标定主要包括双目视觉模型的建立、双目图像去畸变处理、双目图像校正、双目图像裁切 4 个步骤。

(1) 双目视觉模型的建立

为简化模型，选用型号、配置完全一样且位置固定的两台摄像机 1、2。O_1、O_2 分别为左、右摄像机光心，O_1'、O_2' 分别为左、右成像中心。O_1O_1' 和 O_2O_2' 长度相同，均为 f。摄像机的基准线平行于 X 轴，且基准线长为 L。空间点 P 在左、右摄像机坐标系下的坐标分别为 $P(X_{c1}, Y_{c1}, Z_{c1})$、$P(X_{c2}, Y_{c2}, Z_{c2})$。点 P 通过透镜成像在像平面上的点分别为 P_1、P_2，P_1 在左图像坐标系下的坐标为 $P_1(x_1, y_1)$，P_2 在右图像坐标系下的坐标为 $P_2(x_2, y_2)$。图 10-14 为双目立体视觉系统测量示意图。

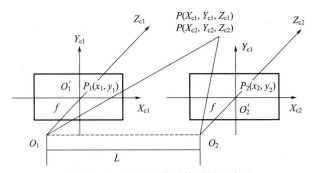

图 10-14　双目视觉系统测量示意图

推导可得出左、右摄像机的矩阵变换式。

$$T_{e1} \begin{bmatrix} u_1 \\ v_1 \\ 1 \end{bmatrix} = T_1 \begin{bmatrix} X_w \\ Y_w \\ Z_w \\ 1 \end{bmatrix} \tag{10-14}$$

$$T_{e2} \begin{bmatrix} u_2 \\ v_2 \\ 1 \end{bmatrix} = T_2 \begin{bmatrix} X_w \\ Y_w \\ Z_w \\ 1 \end{bmatrix} \tag{10-15}$$

于是，利用双目立体视觉系统的三角交汇原理，已知某一空间点 P 在左、右摄像机透视变换下的计算机图像坐标 (u_1, v_1)、(u_2, v_2)，再通过摄像机标定确定左、右摄像机内、外参数值确定变换矩阵 T_1、T_2，即可唯一确定点 P 的环境坐标。假设左摄像机相对于环境坐标系的旋转矩阵为 R_1^*，平移向量为 T_1^*；右摄像机相对于环境坐标系的旋转矩阵为 R_2^*，平移向量为 T_2^*，则两摄像机之间的相对旋转矩阵 R_r^* 和相对平移向量 T_r^* 可表示为

$$R_r^* = R_2^* R_1^{*-1} \tag{10-16}$$

$$T_r^* = T_2^* - R_2^* R_1^{*-1} T_1^* \tag{10-17}$$

由以上分析可知，双目立体视觉系统摄像机内部参数标定可以通过分别对左、右摄像机进行标定得到，外部参数可以通过式(10-16) 和式(10-17) 得到。

(2) 双目图像去畸变处理

透镜在制造和安装时不可避免会出现误差。因无法制造数学上理想的"球形"透镜而产生的径向畸变如图 10-15(a) 所示，因无法保证透镜和图像采集器面平行而产生的切向畸变如图 10-15(b) 所示。

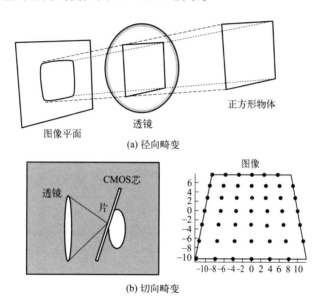

图 10-15　径向和切向畸变示意

对于径向畸变，由于透镜形状无法达到理想"球形"，因此在图像平面的边缘将会出现弯曲，且越远离透镜中心的地方弯曲越严重。假设光学中心（成像仪中心）的畸变为 O，越靠近边缘（半径 r 越大）畸变越大，常用泰勒级数的前三项 k_1、k_2、k_3 表示畸变，这样图像就可通过式(10-18) 进行调节。

$$\begin{cases} x_{\text{corrected}} = x(1 + k_1 r^2 + k_2 r^4 + k_3 r^6) \\ y_{\text{corrected}} = y(1 + k_1 r^2 + k_2 r^4 + k_3 r^6) \end{cases} \tag{10-18}$$

式中　　　　　(x, y)——畸变点在图像平面上的原始位置；

$(x_{\text{corrected}}, y_{\text{corrected}})$——校正后的新位置。

对于切向畸变，由于它是由透镜制造上的缺陷或摄像机安装的位置精度问题使得透镜本身与图像平面不平行而产生的，因此可用两个参数 p_1、p_2 来表示，这样就可根据式(10-17) 得到去畸变后的图像。

$$\begin{cases} x_{\text{corrected}} = x + [2p_1y + p_2(r^2 + 2x^2)] \\ y_{\text{corrected}} = y + [p_1(r^2 + 2y^3) + 2p_2x] \end{cases} \tag{10-19}$$

（3）双目图像校正

图像去畸变后只是相当于将图像展平了，图像的边缘处不会出现弯曲现象。但对于双目摄像机来说，还涉及两个摄像机拍摄位置和角度的关系，如图 10-16 所示，两台摄像机的光轴不是平行的，同时两台摄像机间的极线也没有对准，这时必须要对两台摄像机的图像进行相应的平移和翻转才能达到理想的效果。

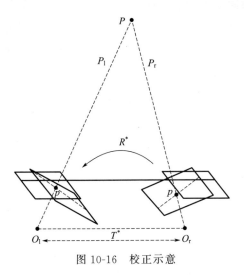

图 10-16　校正示意

图像翻转是三维上的翻转，设依次绕 x、y、z 轴的旋转角度为 α、β、θ，那么总的旋转矩阵 R^* 是三个矩阵 $R_x^*(\alpha)$、$R_y^*(\beta)$、$R_z^*(\theta)$ 的乘积，其中

$$R_x^*(\alpha) = \begin{bmatrix} 1 & 0 & 0 \\ 0 & \cos\alpha & \sin\alpha \\ 0 & -\sin\alpha & \cos\alpha \end{bmatrix} \tag{10-20}$$

$$R_y^*(\beta) = \begin{bmatrix} \cos\beta & 0 & -\sin\beta \\ 0 & 1 & 0 \\ \sin\beta & 0 & \cos\beta \end{bmatrix} \tag{10-21}$$

$$R_z^*(\theta) = \begin{bmatrix} \cos\theta & \sin\theta & 0 \\ -\sin\theta & \cos\theta & 0 \\ 0 & 0 & 1 \end{bmatrix} \tag{10-22}$$

这样就能通过旋转矩阵 R^* 来实现图像平面的翻转。根据 Bouguet 算法，将右摄像机图像平面旋转到左摄像机图像平面的旋转矩阵 R^* 应被平分成两部分，左、右摄像机分别各旋转一半

平移主要通过平移矩阵 T^* 来实现，它表示将一个图像平面坐标系的原点平移到另一个图像平面坐标系原点的平移向量。以左侧摄像头图像平面原点为基准，将右侧摄像头图像原点 P_R 平移到左侧图像原点 P_L 上，则平移向量 $T^* = P_L - P_R$。这样，两图像平面可按式（10-23）进行平移和旋转，就能使两摄像机平面的光轴互相平行，同时也能保证两摄像机间的行对准。

$$P_{\text{corrected}} = R^* (P - T^*) \tag{10-23}$$

（4）双目图像裁切

校正后的图像有效信息范围边缘是曲线，不便于后续工作的执行，需要对边缘进行裁切。同时，为保证两图像在校正后是对准的，即同一物体的像素点在两图像上的行数是相同的，左右两图像裁切后的图像尺寸大小应保持相同。

双目图像裁切之后，左右图像行是对准的（即同一物体的像素在不同图像中的行数是相同的），同时能保留最大限度的重叠区域。因为在实际中，由于两摄像机拍摄角度和位置的不同，两摄像机图像中可能也会出现一些无法匹配的区域。

10.5 从传感器坐标系到车体坐标系

无人驾驶汽车一般都装有多个传感器，每个传感器安装的位置、方向都不一样。同一个目标（如汽车、行人）在各个传感器视野中出现的位置也都不同。为了将不同传感器间彼此独立的结果关联起来，建立统一的环境模型，需要找到各个传感器与车体间的位置关系，这也是无人驾驶中感知融合算法的最基本步骤。传感器在车体上的安装位置一旦确定，在运行中就会保持固定，所以可以采用离线标定的方法确定各传感器相对车体的精确位置。

传感器离线标定的方法有很多。算法的总体思想是通过调整各坐标系之间的转换关系，使同一个物体（如图 10-17 中的棋盘格标定板）通过多个传感器感知得到的独立结果，经过坐标系转换后，可以在车体坐标系下精确吻合，形成统一结果。

图 10-17 传感器标定及标定板示例

（1）从车体坐标系到世界坐标系

车体坐标系和世界坐标系之间的关系是由汽车本身的位置和姿态决定的，这一转换关系可以从汽车的定位结果中直接得到。通过车体和世界坐标系的转换关系，可以确定车体在高精地图中的位置和方向，进而可以计算出车体和其他道路元素，例如车道线、红绿灯、停止线，之间的相对关系。

（2）时间坐标系统

无人驾驶应用所应对的是一个随时间变化的环境，所以时间坐标系统的设立与统一也是至关重要的一环。无人驾驶中一般使用多种不同类型的传感器，彼此独立地对环境进行感知。这样会造成各传感器收集的环境数据并不在同一个时间点。即便空间坐标系已经建立了完美的转换关系，在时间上也无法将环境数据进行统一。所以除了空间坐标系需要进行精确标定外，各个设备之间的时间坐标系也需要进行同步。

（3）统一的时间系统

无人驾驶系统中含有多个主机、传感器和控制器，一般都具有自己独立的时钟。为了建立统一的时间坐标系统，让各个设备使用相同的时间基准，高精度授时系统是必不可少的。

无人驾驶中一般采用 GPS 的时钟系统作为各个系统的时间基准。GPS 时间系统规定：1980 年 1 月 6 日零时为时间坐标系的原点，时间向上累加，系统授时精度可以达到纳秒量级。同时无人驾驶中所使用的大部分设备都具备接受外部授时的功能。以 Velodyne 激光雷达为例，设备可以接收标准的 PPS（pulse per second，秒脉冲）和 NMEA 报文（一种串口通信格式）的授时方法。

（4）硬件同步触发

一些设备的数据采集可以通过外部触发的方式进行激活，于是可以使用同一个外部信号，同时激活多个传感器，从而得到同一个时间点上的环境信息。

例如摄像机的曝光可以通过外部开关信号进行触发，于是无人驾驶汽车上的多个摄像机可以使用同一个开关信号进行曝光和采样的硬同步。进而，这一开关信号还可以与激光雷达等其他传感器进行协同，完成不同种类传感器间的同步触发操作。

（5）软件时间对齐

另一些传感器的采样不支持外部触发，同时有些设备的工作频率也不一致，无法做到严格的硬时间同步，这就需要在软件中进行处理。

有了前面提到的统一的时间系统，通过不同传感器获得的环境信息即便不在同一个时间点上，也有着统一的时间标记。这样通过软件计算，对非同步采样结果进行差值或外推，就可以近似得到同一个时间点上的环境信息，成为决策控制系统进行判断的依据。

第
11
章

总线与通信网络

CAN 即控制器局域网总线，由德国博世公司于 1986 年提出。1991 年 9 月，飞利浦公司制定并发布了 CAN 技术规范 V2.0，包括 A、B 两部分，其中 2.0A 给出了 CAN 报文标准格式，2.0B 给出了标准和扩展两种格式。后经修改，在 1993 年成为国际标准（ISO 11898）。CAN 总线具有良好的功能特性和极高的可靠性，广泛应用在交通工具、工业自动化、航空航天及医疗器械等领域。CAN 2.0B 协议数据传输速率可达 1Mbit/s，相当于 SAE 的 C 级高级数据通信协议，目前汽车中采用的 SAE 1939 通信标准的核心就是 CAN 2.0B。CAN 主要具有以下特点。

① 通信方式灵活。由于采用多种方式工作，不分主从，通过报文标志符通信，因此无须站地址等节点信息。即网络上任意一个节点均可主动地向其他节点发送信息，且可以以点对点、一点对多点或全局广播的方式进行通信。

② 采用非破坏性、基于优先级的仲裁方式。当有多个节点同时向总线发送数据时，低优先级的节点主动停止数据发送，高优先级的节点可不受影响地完成数据发送，从而大大节省总线冲突仲裁时间。因而就算是在网络负载很重的情况下，也不会出现网络瘫痪的情况。

③ 帧信息中包含循环冗余校验码（cyclic redundancy check，CRC）校验等信息，可有效降低通信错误率。

④ 对发送失败的报文，将在总线空闲时自动重新传输，提高了通信的可靠性。

⑤ 采用短帧格式，传输时间短，受干扰概率低，具有良好的检错效果。每帧信息都有 CRC 及其他检错措施，降低了数据出错的概率。网络节点具有在错误严重情况下自动关闭输出的功能，以使总线上其他节点的操作不受影响。

⑥ 每帧报文最多可发送 8 个字节数据，既可满足工控领域中命令控制及状态查询的一般要求，又不会过长地占用总线，保证了通信的实时性。

⑦ 通信介质可为双绞线、同轴电缆或者光纤，选择灵活。

⑧ 直接通信距离最远可达 10km。

11.1　CAN 技术规范

CAN 总线是计算机网络与控制系统结合的产物，其本质上就是一种计算机控制网络。在国际标准化组织（ISO）提出的"开放系统互联（OSI）"参考模型中，网络系统划分为七层模式，即应用层、表示层、会话层、传输层、网络层、数据链路层和物理层。CAN 2.0 技术规范规定了物理层和数据链路层，并且分为 CAN 2.0A 和 CAN 2.0B 两部分，其中 CAN 2.0B 给出了标准帧和扩展帧两种 CAN 报文格式。1994 年美国汽车工程协会 SAE 以 CAN 2.0B 协议为基础，制定了面向汽车的 CAN 网络通信协议 SAE J1939，对汽车中应用到的各类参数都进行了规定。车载网络通信模型示意如图 11-1 所示。

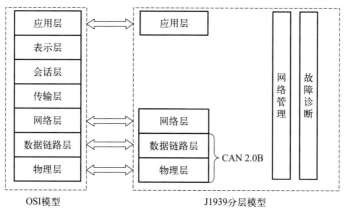

图 11-1　车载网络通信模型示意

11.1.1　物理层

　　CAN 2.0B 物理层定义了 CAN 总线的电气接口和物理介质，规定了使用的接插件形状、尺寸等力学特性，总线线缆上各条线的电压范围及电平的逻辑含义，实现网络中电控单元（ECU）之间的电气连接。物理层分为用于实现与位表示、定时和同步关系功能的物理层信号（PLS），以及用于耦合节点至发送媒体的物理层的功能部分的媒体访问单元（MAU）。其中，MAU 由物理层媒体附属装置（PMA）和媒体从属接口（MDI）构成。PMA 层实现总线发送/接收的功能电路并可提供总成故障检测方法，MDI 实现物理媒体和 MAU 之间的机械与电气接口。

　　CAN 总线采用差分信号，差分电压 $U_{diff}=U_{CAN-H}-U_{CAN-L}$。总线空闲时，CAN-H 和 CAN-L 的电平都是 2.5V；数据传输时，显性电平（CAN-H 为 3.5V，CAN-L 为 1.5V）代表逻辑 0，隐性电平（CAN-H 为 2.5V，CAN-L 为 2.5V）代表逻辑 1，如图 11-2 所示。

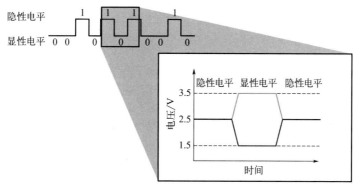

图 11-2　CAN 总线差分信号示意

　　当总线上节点 A 发送显性电平，而另一个节点 B 发送隐性电平时，总线的电平状态呈显性；从逻辑电平的角度来看，就是节点 A 发送"0"，节点 B 发送

"1"时，总线上的逻辑状态为"0"，这种机制称为"线与"。

11.1.2 数据链路层

(1) CAN 总线通信机制

当节点要往 CAN 总线上发送数据时，先检测总线的状态，只有当总线处于空闲时，节点才能往总线上发送数据；并且，在发送过程中要进行总线"回读"，判断是否与其他节点发送的数据有冲突；若有冲突发送，则进行总线仲裁。总线仲裁根据 CAN 报文 ID 进行，ID 值越小，报文的优先级越高，发生仲裁时优先级高的报文正常发送，优先级低的报文会停止发送，但在总线空闲时会自动重发。

如图 11-3 所示，CAN 总线上有节点 A 和节点 B，某一时刻节点 A 欲发送 ID 为 20 的报文，节点 B 欲发送 ID 为 30 的报文。这时出现总线仲裁，优先级最高的 ID＝20 的报文成功完成，ID＝30 的报文停止发送；ID＝20 的报文发送完成后，总线进入空闲状态，节点 B 自动重新尝试发送报文 30，此时总线若没有优先级更高的报文，则报文 30 成功发送。

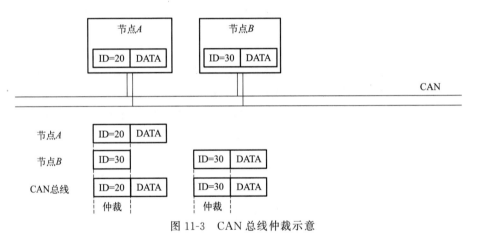

图 11-3　CAN 总线仲裁示意

(2) 帧格式

在 CAN 2.0B 的版本协议中有两种不同的帧格式，即标准帧和扩展帧。两者不同之处为标志符域的长度不同，含有 11 位标志符的帧称为标准帧；含有 29 位标志符的帧称为扩展帧，是 CAN 2.0B 协议新增加的特性。为使控制器设计相对简单，并不要求执行完全的扩展格式；对于新型控制器而言，必须不加任何限制地支持标准格式。但无论是哪种格式，在报文传输时都有以下四种不同类型的帧。

① 数据帧（data）。存放所要查询的状态或控制命令，将数据由发送器传输到接收器。

② 远程帧（remote）。远程帧由总线单元（节点）发送，用于向其他节点请求发送具有同一 ID（相同标识符）的数据帧。

③ 错误帧（error）。亦称"出错帧"，任何单元检测到总线错误时就发出错

误帧，以检验总线错误。

④ 过载帧（overload）。亦称"超载帧"，用于接收节点告知发送节点接收准备尚未完成，即用于提供先前和后续数据帧或远程帧之间的附加延时。

(3) 协议数据单元（PDU）

J1939 使用扩展帧格式定义了标准化通信策略，即为每个节点规定了唯一的源地址，并将源地址映射到 CAN 标识符中。此外，J1939 通过协议数据单元（PDU）定义了一个框架，用于组织 J1939 协议中定义的相关信息。PDU 由 CAN 扩展帧中的 ID 和数据场组成，并将其分为七个部分，分别是优先级、保留位、数据页、PDU 格式、PDU 特定域（可作为目标地址、组扩展或专用）、源地址和数据域。PDU 被封装在一个或多个 CAN 数据帧中，而每个 CAN 数据帧只能有一个 PDU。PDU 的组成格式如图 11-4 所示。

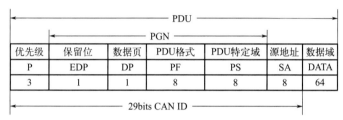

图 11-4　PDU 的组成格式

图 11-4 中，优先级用于优化总线传输中的报文延迟，控制报文的缺省优先级是 3，其余报文的缺省优先级为 6；EDP 目前为保留位，SAE 将来用此扩展数据页；DP 为数据页位，用于将所有参数组分页，目前所有已分配的参数组均在数据页 0；PF 用于确认 PDU 的格式，PDU 分为 PDU1 和 PDU2 两种格式，前者用于向特定地址或全局地址（PS＝255 时）发送报文，后者用于向全局地址发送报文；PF 值为 0～239 时，PDU 为 PDU1，PF 值为 240～255 时，PDU 为 PDU2；PS 值的含义由 PDU 格式决定，PDU1 中 PS 表示报文要发送的目的地址，PDU2 中 PS 与 PF 最低 4 个有效位共同确定 4096 个 PDU2 格式的参数组；SA 表示报文源地址，网络中的一个源地址只能匹配一个设备，其中 0xFE 表示空地址，0xFF 表示全局地址。数据域包含参数组中的数据内容。

(4) 多帧传输机制

长度大于 8 字节的报文无法用单个 CAN 数据帧来装载。因此，它们必须被拆分为若干个小的数据包，然后使用单个的数据帧对其逐一传送。而接收方必须能够接收这些单个的数据帧，然后解析各个数据包并重组成原始的信息。

CAN 数据帧包含一个 8 字节的数据域。由于组成长信息的单个数据包必须能被识别出来以便正确重组，因此把数据域的首字节定义为数据包的序列编号。每个数据包都会被分配到一个从 1～255 的序列编号，然后通过网络传送给接收方。接收方接收后，利用这些编号把数据包重组成原始信息。由此可知，多帧传输最大的数据长度是 255 包×7 字节/包＝1785 字节。

11.1.3 网络层

网络层定义了网段之间的连接协议，当同时存在不同传输速度或使用不同传输介质的多个网段时，必须有至少一个网络互连电控单元提供从一个网段到另一个网段的报文传递功能，具体包括报文转发、报文过滤、波特率转换、地址翻译和协议转换等。典型的汽车网络连接如图 11-5 所示。

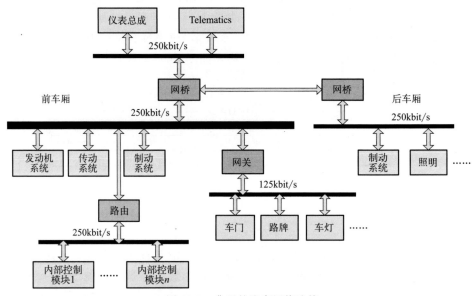

图 11-5　典型的汽车网络连接

图 11-5 中，网桥（bridge）主要用于数据的转发和过滤。它可以把网络拆解成网络分支、分割网络数据流、隔离分支中发生的故障，这样就可以减少每个网络分支的数据信息流量而使每个网络更有效，提高整个网络效率；网段间可以是不同的数据传输率和媒介；路由器（router）不仅有网桥的全部功能，还可使它连接的不同网段具有独立的地址空间；网关（gateway）则可以在不同的协议或报文集的网段之间传送数据。

11.1.4 应用层

J1939 针对车辆应用定义了一系列信号（参数）和报文（参数组），并用可疑参数 SPN 来描述信号，将相关的参数组合成可疑参数组 PGN。协议中规定了每个 SPN 的名称、功能描述、类型、数据长度、分辨率、偏移值和有效数值范围，以及在 CAN 数据场中的起始位置和所属的 PGN。参数字节序采用 Intel 型，即当某个参数长度超过 1 个字节时，传输时先传输低字节。每个参数至少采用 2bit 来表示，当参数的每个 bit 等于 1 时为无效值。

11.2 CAN 的基本组成和数据传输原理

11.2.1 基本组成

CAN 由每个 ECU 内部的 CAN 控制器和收发器、每个 ECU 外部连接的两条 CAN 总线和整个系统中的两个终端组成，如图 11-6 所示。中央 ECU（CEM）的 CAN 控制器具有双通道的 CAN 接口，接到两个不同的 CAN 总线（CAN-H 和 CAN-L）上。各 ECU 通过收发器与 CAN 总线相连，相互交换数据。CAN 控制器根据两根线的电位差判断其总线的电平。总线的电平分显性电平与隐性电平两种，两者必居其一。发送节点通过改变总线电平，将报文发送到接收节点。与总线相连的所有节点都可以发送报文，在两个以上的节点同时开始发送报文的情况下，具有优先级报文的节点获得发送权，其他所有节点转为接收状态。

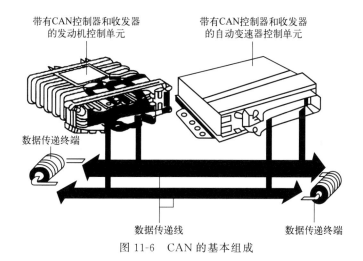

图 11-6　CAN 的基本组成

（1）ECU

CAN 控制器接收来自传感器的信号，将其处理后再控制执行元件工作，同时根据需要将传感器信息通过 CAN 总线发送给其他 ECU。ECU 的主要构件有 CPU、CAN 控制器和 CAN 发射器，此外还有输入/输出存储器和程序存储器。

ECU 接收到的传感器信号被定期按顺序存入输入存储器，并按存储的程序处理输入值，处理结果存入相应的输出存储器，然后控制各执行元件工作。为了能够处理数据传输总线信息，各 ECU 内还有一个数据传输总线存储区，用于容纳接收和发送的信息。

由于 ECU 通过 CAN 控制器实现网络传输，因此 CAN 网络成为 ECU 输入的信息来源，同时也是 ECU 的信息输出对象。

（2）CAN 控制器

CAN 控制器由一块可编程芯片上的逻辑电路组成，实现通信模型中物理层和数据链路层的功能，并对外提供与 ECU 的物理接口。通过对 CAN 控制器编程，可设置其工作方式，控制其工作状态，进行数据发送和接收，以它为基础建立应用层。

目前，CAN 控制器可分为 CAN 独立控制器和 CAN 集成 ECU 两种。CAN 独立控制器使用灵活，可与多种类型的单片机、微型计算机的各类标准总线进行接口组合；而 CAN 集成 ECU 在许多特定情况下，可使电路设计简化和紧凑，可靠性提高。

（3）CAN 收发器

CAN 收发器提供了 CAN 控制器与物理总线之间的接口，是一个发送/接收放大器。其中，发送器将数据传输总线构件连续的比特流（逻辑电平）转换成电压值（线路传输电平），以适合铜导线上的数据传输；接收器将电压信号转换成连续的比特流，以适合 CPU 处理。

收发器通过 TX 线（发送导线）或 RX 线（接收导线）与数据传输总线构件相连，RX 线通过一个放大器直接与数据传输总线相连。

（4）数据传递终端

数据传递终端是一个电阻器，可避免数据传输终了反射回来，产生反射波而使数据遭到破坏。无论何种情况，不同终端的等效电阻都应小于 500Ω。双向总线的传输延迟时间与总线的时间常数有关，时间常数等于整个网络的电容值与等效放电电阻的乘积。

（5）CAN 总线

CAN 总线上的数据没有指定接收器，数据通过数据总线发送给各 ECU，各 ECU 接收后进行计算。为了防止外界电磁波干扰和向外辐射，CAN 总线采用两条线缠绕在一起，两条线上的电位相反，若一条线的电压约为 5V，另一条线的电压则约为 0V，两条线的电压和总等于常值，如图 11-7 所示。通过此办法，CAN 总线将免受外界电磁场干扰，同时 CAN 总线向外辐射也保持中性，即无辐射。

图 11-7　CAN 数据传输线

11.2.2　数据传输原理

现代乘用车及其他商用车辆一样，一般装有多个 ECU，ECU 之间数据传输的主要差别在于数据传输频率。如发动机高速运转时，进行的是高频数据传输，每隔几毫秒就传输一次；而在低转速运转时，进行的是低频数据传输，每隔几十毫秒甚至几百毫秒才传输一次。

CAN 总线上的每个节点（ECU）都有自己的地址，连续监视着总线上发出的各种数据，当所收到的数据地址值与自身地址吻合时，该节点就获得令牌（一种通信规约，只允许唯一获得令牌的一个节点有权发送数据，以防止两个或两个以上的节点同时传输数据而引起混乱），每一个节点都有机会获得令牌，完成数据传输。

以发动机为例，其电控单元向某电控单元的 CAN 收发器发送数据，该电控单元的 CAN 收发器接收到由发动机电控单元传来的数据，转换信号并发给本电控单元的控制器。CAN 数据传输系统的其他电控单元收发器均接收到此数据，但是要检查判断此数据是否为所需要的数据，如果不是，将被忽略掉。

11.3 汽车 CAN 网络架构及其特点

汽车 CAN 网络架构一般有单路和多路两种网络架构形式。不管哪种架构，都主要由动力和传动控制系统、底盘和安全控制系统、车身和舒适控制系统、通信和信息娱乐系统以及诊断系统等组成，并随着汽车 CAN 网络的发展而扩展。

11.3.1 总线架构

汽车的 CAN 网络拓扑架构如图 11-8 所示。

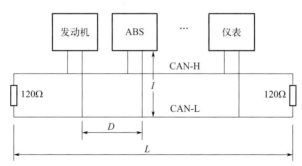

图 11-8 汽车的 CAN 网络拓扑架构

按照 J1939 的要求，CAN 线缆可以采用屏蔽双绞线，干线长度 L 应不超过 40m，在干线的两端各有一个 120Ω 的终端电阻；节点支线的长度 I 应尽可能短，允许的最大长度为 1m；两个节点间的距离 D 应该大于 0.1m，且节点在网络中的布置不能相同，即 D 和 I 的值应不同，以减小信号传输过程中的驻波。而对于 CAN 线缆的屏蔽层应使用低阻抗的导线，在电磁干扰最小的地方单点接地。如果屏蔽层多点接地，由于接地点间的电压差，将导致屏蔽层形成电流回路，该回路容易耦合电磁干扰。因此，多点接地的屏蔽层反而起不到屏蔽作用，甚至比没有屏蔽层的线缆更不适用于 CAN 信号传输。

CAN 网络的容量是有限的，网络中的节点数目最多 30 个。同时，为了保证 CAN 通信的及时性和可靠性，对 CAN 网络的负载率和错误帧率应做出规定，即通常负载率在 40％以下是较为良好的情况，最好不超过 60％，而错误帧率应在 15％以下。

11.3.2　汽车 CAN 网络的组成

汽车 CAN 总线网络架构按功能区分由基本 CAN 总线系统和网关组成。基本 CAN 总线系统如下。

(1) 动力和传动控制系统

常见的燃油汽车动力和传动控制系统包括发动机控制系统（EMS）、自动变速控制系统（TCU）、制动防抱死系统（ABS）、缓速器控制系统（retarder）；新能源汽车包括整车控制系统（VCU/HCU）、电机控制系统（MCU）和电池管理系统（BMS）等。

对于混合动力汽车，动力与传动控制系统利用 CAN 数据总线将发动机、ABS 及自动变速器的 ECU 连接起来，实现诸如车辆行驶、停车及转弯等功能。由于动力与传动系统 ECU 的固定位置比较集中，因此节点数量也有限制。总线可同时传递 10 组数据，即发动机 ECU 5 组、ABS ECU 3 组和自动变速器 ECU 2 组，以 500kbit/s 的速率传递数据，每一组数据传递大约需要 0.25ms，每个 ECU 7～20ms 发送一次数据。其顺序为 ABS ECU、发动机 ECU 和自动变速器 ECU。CAN 数据总线连接点通常置于 ECU 外部的线束中，在特殊情况下连接点也可能设在发动机 ECU 内部。

(2) 底盘和安全控制系统

常见的汽车底盘和安全控制系统有电子控制制动系统（EBS）、电子稳定控制系统（ESC/ESP）、空气悬架电子控制系统（ECAS）、车道偏离预警系统（LDWS）、360°全景影像环视系统（360°环视）、夜视系统（NVS）、前向防撞预警系统（FCWS）、胎压测监测系统（TPMS）、电动助力转向系统（EPS）、仪表（Cluster）和行驶记录仪等。

这些控制系统根据多个传感器的信息进行工作，因此使用的节点数多，要求系统通信速度快、可靠性高，且成本低。

(3) 车身和舒适控制系统

汽车的车身和舒适控制系统包括雨刮系统（wiper）、自适应前照灯系统（AFS）、遥控钥匙（RKE）、车身控制模块（BCM）和空调控制系统（ACS）等。

车身和舒适控制系统的线束较长，易受干扰，应尽量降低通信速度，以提高抗干扰能力。与性能（通信速度）相比，一般更看重成本，目前多采用直连总线及辅助总线。

舒适 CAN 数据总线连接中央 CAN 和空调、照明开关和自动诊断等控制功能模块。ECU 的各条传输线以星状形式汇集一点，若某个 ECU 发生故障，其他 ECU 仍可发送各自的数据。

数据总线以 62.5kbit/s 的速率传递数据，每一组数据传递约需 0.25ms，每个 ECU 20ms 发送一次数据。由于舒适系统中的数据可以用较低的速率传递，所以发送器性能比动力与传动系统发送器的性能要求低。

（4）通信和信息娱乐系统

通信和信息娱乐系统包括智能导航系统（NAV）、车联网车载终端、汽车影音系统、实时交通信息咨询系统、车辆定位系统和信息化服务系统等。

信息娱乐系统通信总线具有容量大、通信速度快等特点。因此，通信媒体已采用光纤取代以往使用的铜线。

（5）诊断系统

诊断系统指车载诊断设备 VDU、外部诊断设备及 OBD-Ⅱ 车载诊断接口。OBD-Ⅱ 车载诊断接口是内部总线与外部诊断设备通信的接口。

通常情况下，厂商会根据实际车型对上述基本 CAN 总线系统进行取舍、组合，网关可以集成在其他 ECU 中或作为独立模块存在，因此形成最终的汽车 CAN 总线网络架构。

11.3.3　CAN 节点规范

由于每个节点都会对网络造成影响，可能导致网络中的其他节点通信异常。因此，对于接入整车 CAN 网络的每个节点，都应规范节点的 CAN 物理层和数据链路层的相关参数。CAN 节点测试框图如图 11-9 所示。

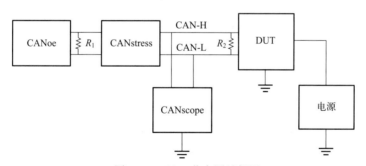

图 11-9　CAN 节点测试框图

图 11-9 中，DUT 为待测节点，CANoe 用于模拟网络中其他节点的发送/接收功能，CANstress 用于模拟待测节点受到的 CAN 干扰，CANscope 为总线示波器，能够检测 CAN 报文对应的波形等。物理层常见测试项目如表 11-1 所示，数据链路层常见测试项如表 11-2 所示。

表 11-1　物理层常见测试项目

测试项	最小值	额定值	最大值	备注
欠电压测试	—	18V	—	24V 系统
过电压测试	—	32V	—	24V 系统

测试项		最小值	额定值	最大值	备注
显性位输出电压	U_{CAN-H}	3.0V	3.5V	5.0V	
	U_{CAN-L}	0.0V	1.5V	2.0V	
	U_{diff}	1.5V	2.0V	3.0V	
隐性位输出电压	U_{CAN-H}	2.0V	2.5V	3.0V	
	U_{CAN-L}	2.0V	2.5V	3.0V	
	U_{diff}	−0.12V	0.0V	0.05V	
跳变沿时间	t_R	200ns		500ns	
	t_F	200ns		500ns	
总线短/断路故障测试		—	—	—	故障时,报文发送停止;故障移除时,报文发送恢复
终端电阻测试		$R \times 0.95$	R	$R \times 1.05$	R 为规定值

表 11-2 数据链路层常见测试项目

测试项	评判准则	备注
报文 DLC 测试	所有报文 DLC 都应符合通信矩阵表中的定义	
位元时间测试	$3998ns \leqslant T_{bit} \leqslant 4002ns$	波特率 250kbit/s
采样点测试	$75\% \leqslant$ 采样点 $\leqslant 87.5\%$	
预期帧接收遍历	DUT 发送的所有 CAN 报文类型全部为扩展帧格式,接收到 ID 为 0x00000000～0x1FFFFFFF 之间的报文都能够正常通信,无错误帧产生	J1939 网络
非预期帧接收遍历	DUT 接收到 ID 为标准帧和远程帧的报文都能够正常通信,无错误帧产生	J1939 网络

11.3.4 几种常见的汽车网络架构

11.3.4.1 单路网络架构

单路网络架构是指汽车上只有一路 CAN 总线系统的网络架构,由仪表直接连入动力和传动 CAN 总线形成,汽车单路网络架构如图 11-10 所示。

11.3.4.2 多路网络架构

多路网络架构是实现全车负载由 ECU 控制的一种网络架构。根据应用不同,有多种形式。

(1) 基本多路网络架构

在单路网络架构中接入车身和舒适总线系统即可形成基本多路网络系统,如图 11-11 所示。图 11-11 中各设备的名称除标注的外,其他与图 11-10 相同。

在图 11-11 的例子中网关模块采用独立存在的形式,但在实际架构中网关模块也可能集成在仪表或其他控制模块,这样的架构如图 11-12 所示。

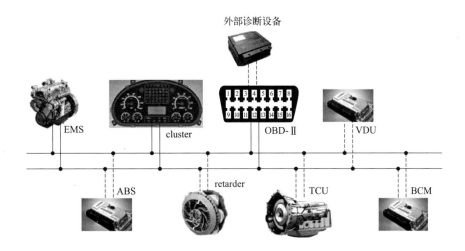

图 11-10　汽车单路网络架构

EMS—发动机管理系统；cluster—汽车仪表；OBD-Ⅱ—车载自动诊断系统；VDU—视频显示器；
ABS—制动防抱死系统；retarder—缓速器；TCU—自动变速箱控制单元；BCM—车身控制模块
图中的设备仅用于示例，受功能和成本等限制和各厂商使用模块情况的不同，
采用虚线连接的模块不一定在实际架构中存在

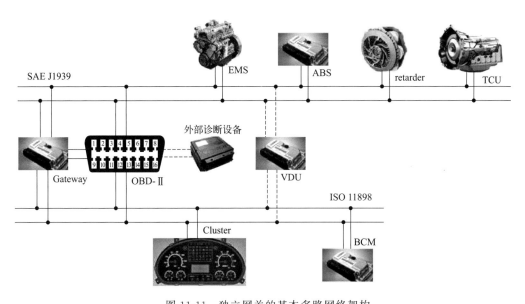

图 11-11　独立网关的基本多路网络架构

图中的设备仅用于示例，受功能和成本等限制，各个厂商使用模块的情况不同，
以上采用虚线连接的模块不一定在实际架构中存在
SAE J1939—目前在大型汽车中应用最广泛的应用层协定；Gateway—网关；
ISO 11898—符合国际标准 ISO 11898 的 CAN 控制器局域网

（2）基于车联网的多路网络架构

基于车联网的多路网络架构是在基本多路网络架构基础上增加了车联网终端，从而使车辆具备远程通信、远程运营管理和远程诊断等功能，如图 11-13 所示。

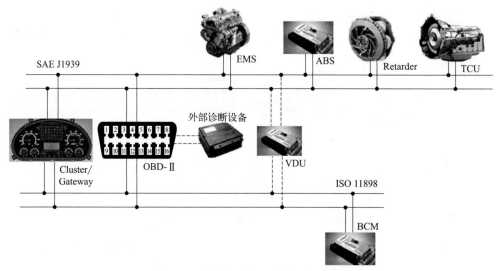

图 11-12 集成网关的基本多路网络架构

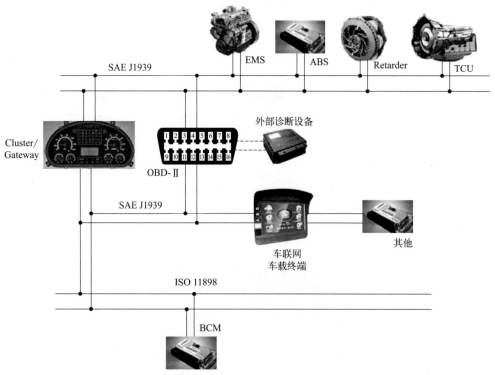

图 11-13 基于车联网的多路网络架构

图中的设备仅用于示例

（3）新能源汽车多路网络架构

适用于新能源混合动力或纯电动汽车的多路网络架构如图 11-14 所示。

（4）集成客运管理系统的多路网络架构

集成客运管理系统的多路网络架构增加了与客运管理的相关功能，如图 11-15 所示。该架构中增加了新的网络通信，如以太网及 RS 485 通信等。

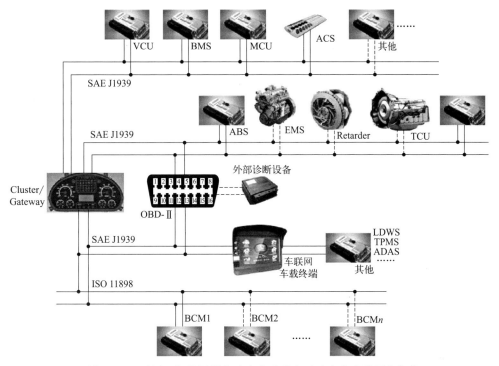

图 11-14　适用于新能源混合动力车或纯电动汽车的多路网络架构

BMS—车身用控制模块；ACS—安全访问控制服务器；Cluster/Gateway—仪表/网关集成模块；

LDWS、TPMS、ADAS……—偏离车道警报、轮胎压力监测、汽车主动安全预警等控制系统

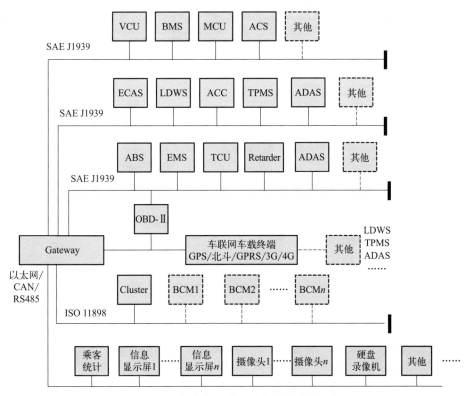

图 11-15　集成客运管理系统的多路网络架构

11.3.5 典型汽车的 CAN 网络拓扑结构

　　依据网络节点控制的目标、范围，以及各网络节点的特点、重要性、容错性和实时性，汽车厂通常将整车网络划分为动力 CAN 和车身 CAN；而部分品牌的车型还会根据某个网络上节点数量及零部件生产厂家的不同，进一步将车身 CAN 拆分成一些子网络。其中，动力 CAN 主要负责发动机、变速器等底盘动力系统，车身 CAN 主要负责车身电气、舒适性总成（如悬架等）和仪表等系统，动力 CAN 和车身 CAN 通过网关进行通信。网关一般采用独立式，或在仪表或某个节点内集成网关功能。

　　如图 11-16 所示为典型汽车的 CAN 网络拓扑结构。该 CAN 网络根据各个节点的特点、数据关联关系和总线负载情况，将整车网络分为动力 CAN 和车身 CAN 两大网络。其中，底盘动力 CAN 网络包括：发动机 ECU、后处理 ECU、变速器、ABS/ASR、缓速器、限速控制器、发动机智能驱动控制模块、汽车电子控制的空气悬架系统（ECAS）、电子风扇控制系统、轮胎压力监测系统（TPMS）、仪表动力 CAN 和信息服务系统动力 CAN 等。车身 CAN 网络包括：车身前控模块、中控模块、后控制模块、空调控制器、总电源管理模块、车道偏离报警系统、自动大灯控制系统、全景环视系统、多功能方向盘、仪表车身 CAN 和信息服务系统车身 CAN 等。对于仪表系统和信息服务系统，还常常带

图 11-16　典型汽车 CAN 网络拓扑结构

有两路 CAN，可分别接入整车 CAN 和车身 CAN，以实现两路 CAN 数据的显示和远程诊断等功能。

11.3.6　汽车网络系统的结构特点

　　在汽车产品中，CAN 总线技术的应用由于受成本因素和配置要求的影响，其结构和组成会有很大不同。为追求最低成本和功能的集约化，总线上仅仅接入发动机、变速器及组合仪表，如图 11-17 所示；而对于高档车型，其多功能和高性能是整车的主要特点，因此总线上会增加各种控制模块，如前控模块、后控模块、中控模块、顶控模块、灯控模块和行驶记录仪等。一般来说，CAN 总线的各个组成部分都可以根据需求自由增减配置。

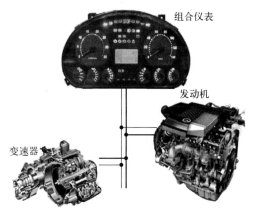

图 11-17　汽车的简单 CAN 总线结构

　　如图 11-18 所示为某国产大型客车的 CAN 总线结构。其全车总线由组合仪表、前控模块、后控模块、灯控模块、顶控模块、发动机和自动变速器等构成功能完备的总线系统。该车的电气系统完全由总线控制，主要控制项目包括灯光、雨刮、缓速器、空气悬架、车门、发动机点火和电视翻转等，是一款利用通用总线模块构建全车总线的方案，旨在为用户提供一种高效、灵活、安全、可靠、易维护和低成本的总线设计方案，具有以下特点。

　　① 转速、水温、油压等数据直接取自发动机，可省去转速、水温、油压 3 个传感器。此外，在装备自动变速器时，还可省掉车速传感器。

　　② 提供欧Ⅳ发动机需要的电子时钟。

　　③ 提供欧Ⅳ发动机需要的尿素显示。

　　④ 替代蜂鸣器的语音报警，便于分辨报警源，不仅更加人性化，而且省去了一些冗余蜂鸣器。

　　⑤ 仪表记录有燃油消耗曲线，可有效发现盗油事件。

　　⑥ 可实时显示发动机的瞬时油耗，使驾驶员能有效监督车辆的燃油经济性。

　　⑦ 实现智能电磁离合风扇控制，每年可为车辆节省燃油费 3 万元。

　　⑧ 作为目前国内唯一能检测 LED 型灯光故障的总线产品，转向灯和刹车灯

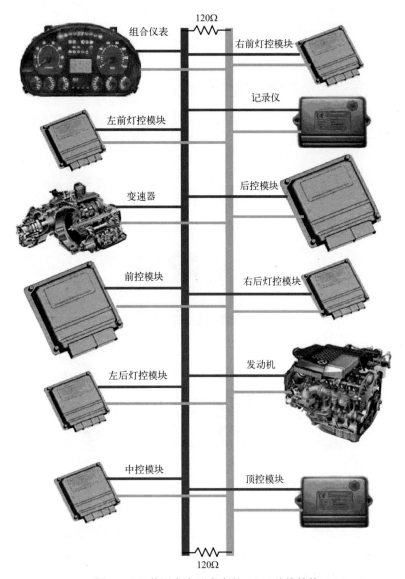

组合仪表

120Ω

右前灯控模块

记录仪

左前灯控模块

变速器

后控模块

前控模块

右后灯控模块

左后灯控模块

发动机

中控模块

顶控模块

120Ω

图 11-18　某国产大型客车的 CAN 总线结构

故障检测适应了欧美国家和地区等对保证行车安全需具备的强制功能要求。

⑨ 以文字形式实时显示发动机、变速箱、ABS 和车身控制模块等的故障信息，告别了必须依靠专家和专用诊断设备才能解释故障码的时代。

⑩ 提高模块集成度。模块总数减少，但功能不减，减少了安装麻烦。

⑪ 仪表具有除国标要求之外的众多数据记录功能，所记录的数据包括车速、转速、燃油、水温、气压、油压和尿素液位等 8 个模拟量，以及制动、离合器、油门、转向灯、水温报警和气压报警等 12 个开关量，数据记录容量高达 16Mbit。此外，用户也可以根据需要选装其他国标记录仪而不失车况数据的全面记录。

⑫ 管脚通用化且可重新定义，便于用户增删、改变信号。

⑬ 采用专业化的接口及软件处理，避免了诸如盐水路面（冬季因撒盐融

雪）引起的开关误报警。

⑭ 所有输出都有电流测量功能，便于随时掌握电器功率消耗情况，同时为精确过流保护提供了依据。

⑮ 采用成熟的过压、过流、过载、过热、短路和防浪涌保护措施。

⑯ 采用开放的 J1939 协议，实现了无须所谓"桥""关"转换，可直接与国际主流发动机、变速器和 ABS 等交换数据。

⑰ 与传统控制方式相比，总线模块耗电少、自热小，更加安全。

⑱ 可以对发动机进行控制。

参 考 文 献

［1］阿奇姆·伊斯坎达里安．智能车辆手册（卷Ⅰ）．李克强，等译．北京：机械工业出版社，2016.

［2］阿里·埃玛迪．先进电动汽车．王典，张宏业，等译．北京：机械工业出版社，2021.

［3］中国汽车工程学会．电动汽车智能底盘技术路线图．北京：机械工业出版社，2023.

［4］波格丹·塔德乌什·费雅伍科夫斯基．汽车机电一体化控制系统（上、下）．高建平，李高鹏，等译．北京：机械工业出版社，2017.

［5］杨殿阁，黄晋，江昆，等．汽车自动驾驶．北京：清华大学出版社，2022.7.

［6］田晋跃，罗石．无人驾驶技术．北京：化学工业出版社，2020.